Rudolf Horstmann

Möbel lackieren

Doppelbände in der Reihe

Fachwissen für Heimwerker

Rudolf Horstmann

Möbel lackieren

Verlagsgesellschaft Rudolf Müller, Köln-Braunsfeld

CIP-Kurztitelaufnahme der Deutschen Bibliothek

Horstmann, Rudolf
Möbel lackieren
Rudolf Horstmann
Köln-Braunsfeld: R. Müller 1986
(Fachwissen für Heimwerker)

ISBN 3-481-24441-X

ISBN 3-481-24441-X

© Verlagsgesellschaft Rudolf Müller GmbH
Köln-Braunsfeld 1986
Alle Rechte vorbehalten
Verlagsredaktion: Ingeborg Roggenbuck
Satz: A. Hellendoorn KG, Bad Bentheim
Druck: Druck- + Verlagshaus Wienand, Köln
Printed in Germany

Vorwort

Die gute alte Zeit sieht sowohl die alte als auch die junge Generation gern in einem verklärten Licht. Ob alte Häuser, die schon äußerlich von ihrer Geschichte, von einer Kultur, vom Leben der Generationen zu erzählen vermögen und deswegen einmalig wirken oder ob es alte Möbel sind, die ein ähnliches Flair auszustrahlen vermögen. Glaubte man noch vor wenigen Jahren, daß Altes nichts wert sei, weil Reparieren und Pflegen sich nicht lohnen, so hat sich diese Auffassung geändert. Es wird wieder instandgesetzt, behütet und gepflegt.

Diese gute alte Zeit endet bei Möbeln nicht um die Zeit der Jahrhundertwende, sondern man kann in diesem Sinne getrost die zwanziger, dreißiger und fünfziger Jahre dazu zählen. Durch überkommene alte handwerkliche Tradition, Geschicklichkeit und Können ist der überwiegende Teil der gefertigten Möbelstücke in mehrfacher Hinsicht erhaltenswert. Um diese Möbel in ihrer alten Schönheit erhalten oder reparieren zu können, müssen die beschädigten Teile mit den gleichen Techniken, obwohl sie zeitaufwendig sind, wieder ausgebessert werden. Bei den vielen beschriebenen Möglichkeiten sind unter Umständen zunächst geduldige Versuche erforderlich, um die eigene Handfertigkeit auszubilden. Doch mit diesem nun erworbenen Können wird man das Möbelstück wieder funktionstüchtig machen. Die verschiedenen Techniken der Oberflächenbehandlung mit ihren interessanten Ausdrucksformen bieten dem individuellen Gestaltungswillen und Geschmack breiten Raum.

Bewußt wurden die Techniken zur Oberflächenbehandlung so beschrieben, daß sie jedermann nachvollziehen kann. Neben einfachen Gestaltungstechniken findet man auch die hochwertigen, die sehr viel Arbeitsbereitschaft und Einsatzwillen erfordern. Deshalb: Ohne Fleiß kein Preis!

Gerlingen, im August 1986

Rudolf Horstmann

Inhalt

Die Instandsetzung (Reparatur) alter Möbel

Funktion und Gebrauchsfähigkeit wiederherstellen

Ein altes Möbelstück, gleichgültig ob es gekauft wurde oder vom Dachboden stammt, wird immer durch die jahrelange Nutzung und durch das Abstellen gelitten haben. Die einst festen Holzverbindungen haben sich gelockert, Schwundrisse sind durch Austrocknen entstanden, und Feuchtigkeit bewirkte, daß Holzteile sich ge-

1 In Abstellräumen oder auf Dachböden warten viele alte formschöne Möbelstücke auf ihre Verwendung.

wölbt (verzogen) haben; Schubladen klemmen, Schranktüren lassen sich nicht schließen, Scharniere fehlen, Stühle wackeln. Diese Schäden müssen zuerst behoben werden, damit man später auch Freude am alten Mobiliar hat.

Möbel und andere Einrichtungsgegenstände aus Holz, die man in den Wohnräumen benutzt, wurden früher und werden heute als Einzelstücke in Handwerksbetrieben hergestellt oder aber serienmäßig in Fabriken gefertigt. Jedoch unabhängig von ihrem Herstellungsort gleichen sich die Holzverbindungen. Kennt man diese, und kann sich in sie hineindenken, so wird man die richtige Reparaturmethode finden und beschädigte Teile auswechseln können.

Die Möbel müssen den Ansprüchen und Bedürfnissen gerecht werden und sollen zweckmäßig und formschön sein. Jedes Stück, das nun wiederhergerichtet werden soll, wurde einst gebaut, um einem bestimmten Zweck zu dienen. Deshalb beziehen sich seine Abmessungen, der gewählte Werkstoff, die Bauweise und die Oberflächenbehandlung auf den Gebrauch des Möbels. Die Größe und Menge der unterzubringenden Gegenstände, der Aufstellungsort und die Art des vorgesehenen Inhalts waren ebenfalls zu berücksichtigen. Auch auf eine schöne Form wurde durch gute Maßverhältnisse, klare Linienführung und werkstoffgerechte Verarbeitung besonders Wert gelegt. Kleine, scheinbare Nebensächlichkeiten wie Profile, Beschläge, Möbelknöpfe sind die schmückenden Teile. Sie geben dem Möbel erst sein gefälliges Aussehen.

Bauarten der Möbel

Der Zweck, der Werkstoff, der Standort und die Oberflächenbehandlung bestimmen die Bauart. Der Fachmann unterscheidet vier Grundarten; den Rahmenbau, den Brettbau, den Stollenbau und den Plattenbau. Aus verschiedenen Gründen können jedoch für die einzelnen Teile eines Möbels auch verschiedene Bauarten angewandt werden.

Rahmenbau. Die wichtigsten Möbelteile sind als Rahmen mit Füllung gefertigt. Die Rahmen halten die Füllungen gerade und ermöglichen ihnen ein ungehindertes Schwinden und Quellen. Die aus Kern- oder Mittelbrettern hergestellten Rahmenfriese sind entweder zusammengeschlitzt, -gestemmt oder -gedübelt und selten breiter als 90 Millimeter. Die Füllungen bestehen aus Vollholz, Furnier-, Sperr- oder Spanplatten und sollen nicht eingeleimt werden. Sie liegen in einem Falz und werden von Stäben oder Leisten gehalten. Nur bei Rückwänden nutet man die Füllungen ein. Schrankbeschläge und Dübel halten die Böden und Seiten der zerlegbaren Möbel zusammen.

Brettbau. Einfache Möbel, zum Beispiel Bücherständer, Kleinmöbel und so weiter, werden im allgemeinen auf diese Weise hergestellt. Die einzelnen

2   Rahmenbau.

3   Brettbau.

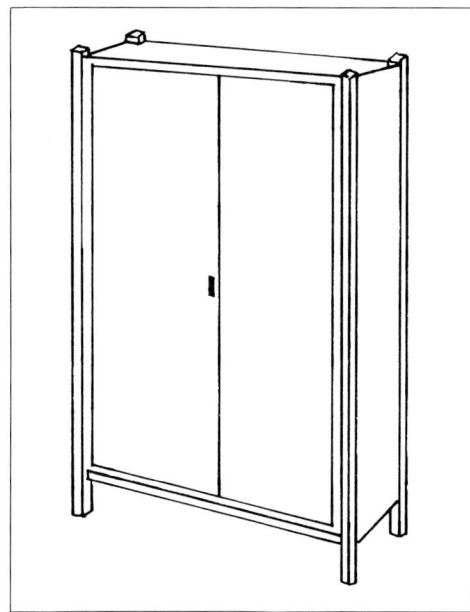

4   Stollenbau.

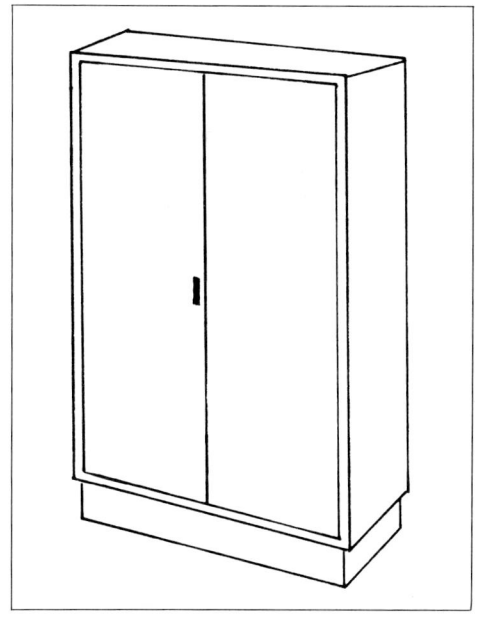

5   Plattenbau.

11

Möbelteile fertigt man aus unverleimten oder verleimten Brettern, wobei auf gleichmäßige Farbe und Zeichnung der einzelnen Bretter zu achten ist. Beim Zusammenbauen berücksichtigt man Holzverbindungen, die das Arbeiten des Holzes nicht behindern, wie Dübeln, Graten, Nuten und Federn, Zinken und Verzapfen.

Stollenbau. Die Stollen an den Seiten sind aus Hartholz. Kantig, abgerundet oder rund dienen sie auch als Möbelfüße. Hergestellt werden sie entweder als Rahmen gearbeitet oder aus Platten, alle Seiten, Türen und Böden. Das Verbinden der Seiten mit den Stollen erfolgt durch Dübel oder Federn. Die Böden werden mit den Seiten und den Stollen verdübelt und verleimt. Bei Stühlen und Tischen sind die Füße (Stollen) durch Zargen, Dübel oder Zapfen miteinander verbunden.

Plattenbau. Die einzelnen Möbelteile bestehen aus Sperrholz- oder Spanplatten, deren sichtbare Kanten mit Anleimern versehen sind. Sie werden hauptsächlich mit Dübel verbunden.

Möbelteile

Ein Schrank besteht zum Beispiel aus den beiden Seiten, der Rückwand, den Böden, dem Sockel, den Türen sowie Füßen und Schubkästen.

Türen. Nach der Montageart unterteilt man Dreh-, Schiebe- oder Klapptüren. Sie sollen den Inhalt des Möbels schützen und sind als Rahmen mit Füllung gearbeitet oder aus Sperrholz- und Spanplatten hergestellt. Bei Drehtüren kennt man aufschlagende und zwischenschlagende Türen. Die aufschlagenden Türen liegen dicht auf den Möbelseiten. Um das Eindringen von Staub zu verhindern, werden entweder die Türen ausgefälzt oder eine Staubleiste angebracht. Zwischenschlagende Türen sind so montiert, daß sie zwischen den Möbelseiten, vor- oder zurückstehend, hängen. Damit sie staubdicht schließen, sind hier die Seiten und Böden ausgefälzt oder mit Staubleisten versehen. Besonders bei älteren Möbeln findet man noch Zapfbänder. Das sind, der Name verdeutlicht es, Bänder mit jeweils einem Zapfen, die unten und oben in den Türen eingelassen werden. Diese Zapfen sitzen in einer Hülse und bilden die Drehachse.

Schiebetüren aus Holz laufen auf Hartgummi- oder Fiberschienen, heute auch aus Kunststoff. Am äußeren Ende der Türenunterkante sind Gleiter, zumeist aus Hartholz, eingelassen. Oben liegen die Türen in Nuten, die so tief sind, daß die Tür eingesetzt oder herausgenommen werden kann. Glasschiebetüren werden auf wellenförmigen Schienen geführt, die meist aus Metall sind.

Klapptüren sind wie Drehtüren vor- oder zurückstehend montiert. Sie werden geöffnet als Schreibfläche oder zum Abstellen benutzt. In geöffneter Stellung sollen sie mit dem Möbel eine ebene Fläche bilden.

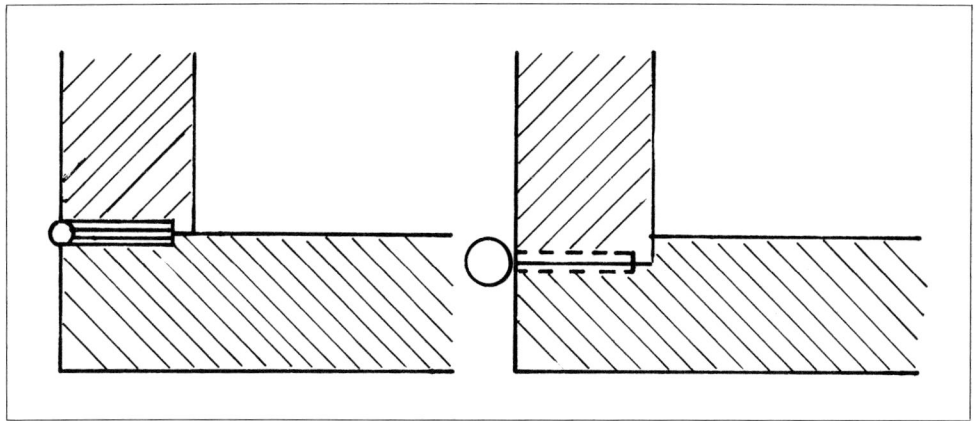

6 Aufschlagende Tür.

Schubkästen. Sie bestehen aus dem Vorderstück, den Seiten, dem Hinterstück und dem Boden. Man unterscheidet nach dem Vorderstück zwischen einem zurückstehenden, vorstehenden, bündigen oder aufgedoppelten Schubkasten. Meistens ist das Vorderstück mit den Seiten verdeckt gezinkt, mit Schwalbenschwanz- oder, seltener, mit Fingerzinken. Die Seiten sind entweder ganz aus Hartholz oder haben eine aufgeleimte Hartholzleiste, auf denen der Schubkasten gleitet. In die Seiten und in das Vorderstück ist eine Nut gefräst worden, die den Boden aufnimmt. Für eine sichere Führung des Schubkastens sorgen dann die Lauf-, Streif- und Kippleisten.

Rückwände halten die Möbel im Winkel und dienen als staubdichter Abschluß. Furnier-, Span- oder Hartfaserplatten, aber auch Rahmen mit

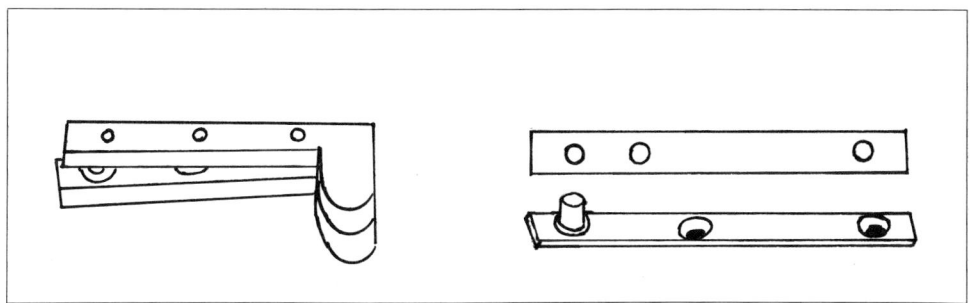

7   a Eckzapfenband, b Zapfenband.

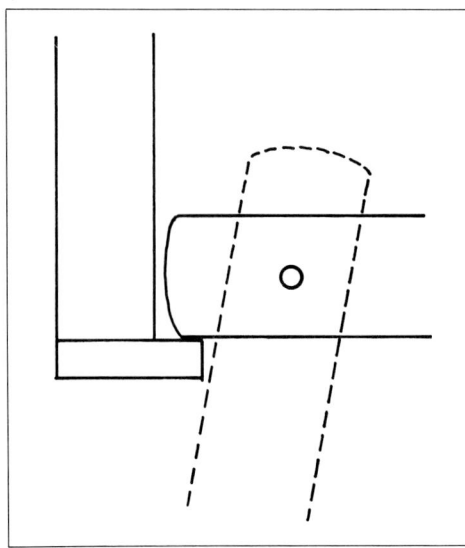

8 Zwischenschlagende Tür mit Zapfenband.

Füllung werden hier verwendet und im allgemeinen in einen Falz gelegt und verschraubt.

Verbindungstechniken

Zur fachgerechten Reparatur alter Möbel sind Grundkenntnisse der alten Holzverbindungen wichtig. Sie erleichtern das vorsichtige Auseinandernehmen, das Auswechseln beschädigter Teile und den Einbau der neuen. Der Fachmann unterscheidet: Breitenverbindung, Längsverbindung und Eckverbindungen.

Breitenverbindungen findet man beim Möbelbau bei alten Tischplatten, Füllungen und Rückwänden aus Vollholz. Sie erhöhen deren Haltbarkeit und verhindern, daß sich die einzelnen Bretter beim Leimen verschieben.

Die **gedübelte Fuge,** die auch bei zerlegbaren Möbeln angewandt wird, ist wohl die bekannteste Verbindung. Die vorwiegend aus Rotbuchenholz hergestellten Runddübel sollen etwa halb so dick wie das Brett sein. Im Handel findet man Dübel in Dicken von 5 bis 25 Millimeter und in Längen bis zu einem Meter. Die gebräuchlichsten Dicken – 8, 10, 12 Millimeter – gibt es 40 Millimeter lang mit abgefasten Enden. Außerdem sind Dübel mit Quer-, Spiral- und Längsrillen erhältlich. Durch Längsrillen an den Dübeln kann der Leim sich im Bohrloch noch besser verteilen und eine bessere Verleimung bewirken.

Die **Zapfenfuge** findet man seltener und nur noch an älteren Möbeln. Die Zapfen sind etwa 40 bis 60 Millimeter breit und etwa ein Drittel der Brettdikke stark. Die Schlitze werden aufgebohrt und entweder mit dem Steckbeitel ausgestemmt oder mit der Maschine ausgefräst.

Eine **maschinengefräste Leimfuge** wird in neuerer Zeit vor allem bei Tischplatten verwendet. In die Kanten der Bretter werden Verzahnungen eingefräst, die die Leimfläche vergrößern und die Haltbarkeit verstärken. Eine Reparatur ist nur möglich, wenn beispielsweise durch Feuchtigkeit die

14

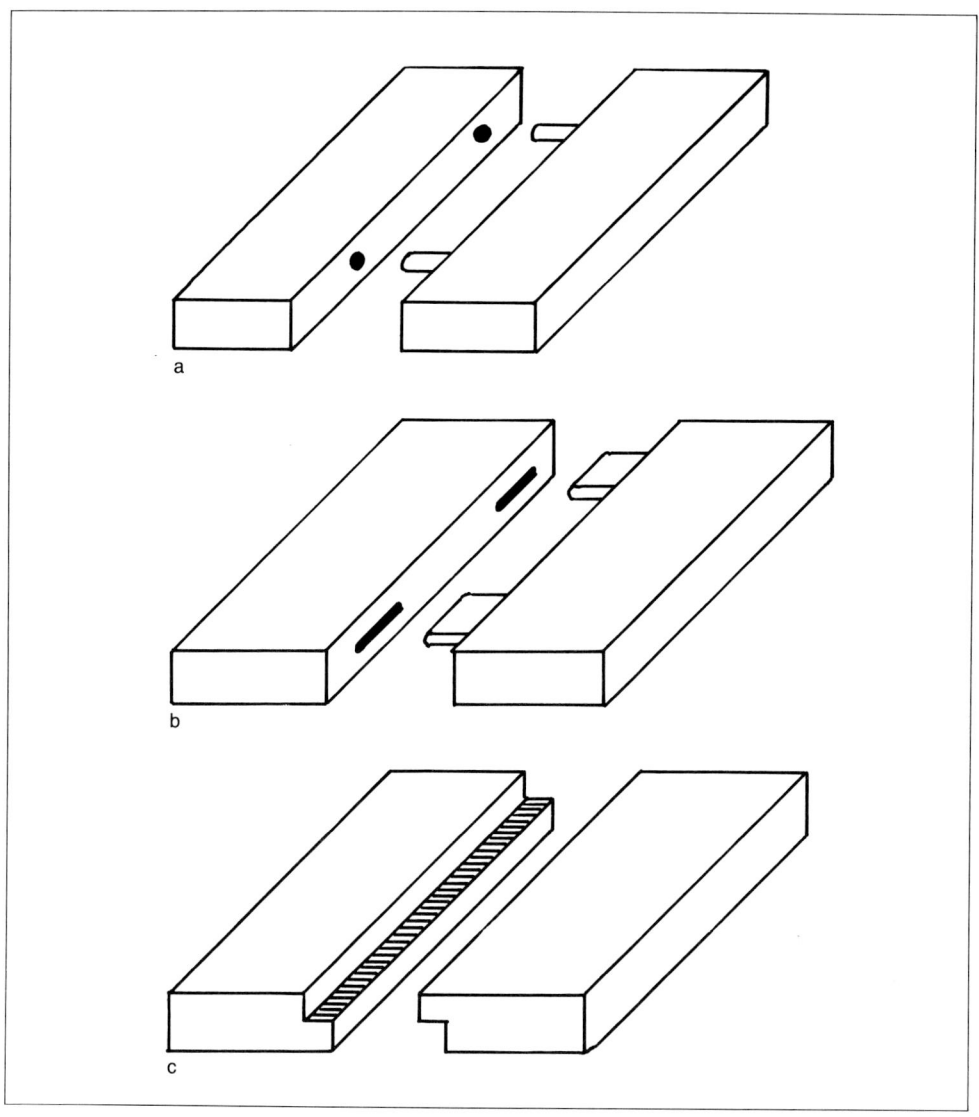

9 a Gedübelte Fuge, b Zapfenfuge, c Überwälzung.

Kraft der Verleimung so nachgelassen hat, daß die einzelnen Bretter getrennt und wieder neu zusammengefügt werden können. Ist dieses nicht möglich, dann müssen die Brettkanten durch Sägen getrennt, glatt gehobelt und mit Dübeln neu verbunden werden.

Hirnleisten, auch Anfaßleisten genannt, sind an den Hirnenden von zusammengefügten Brettern aus Voll-

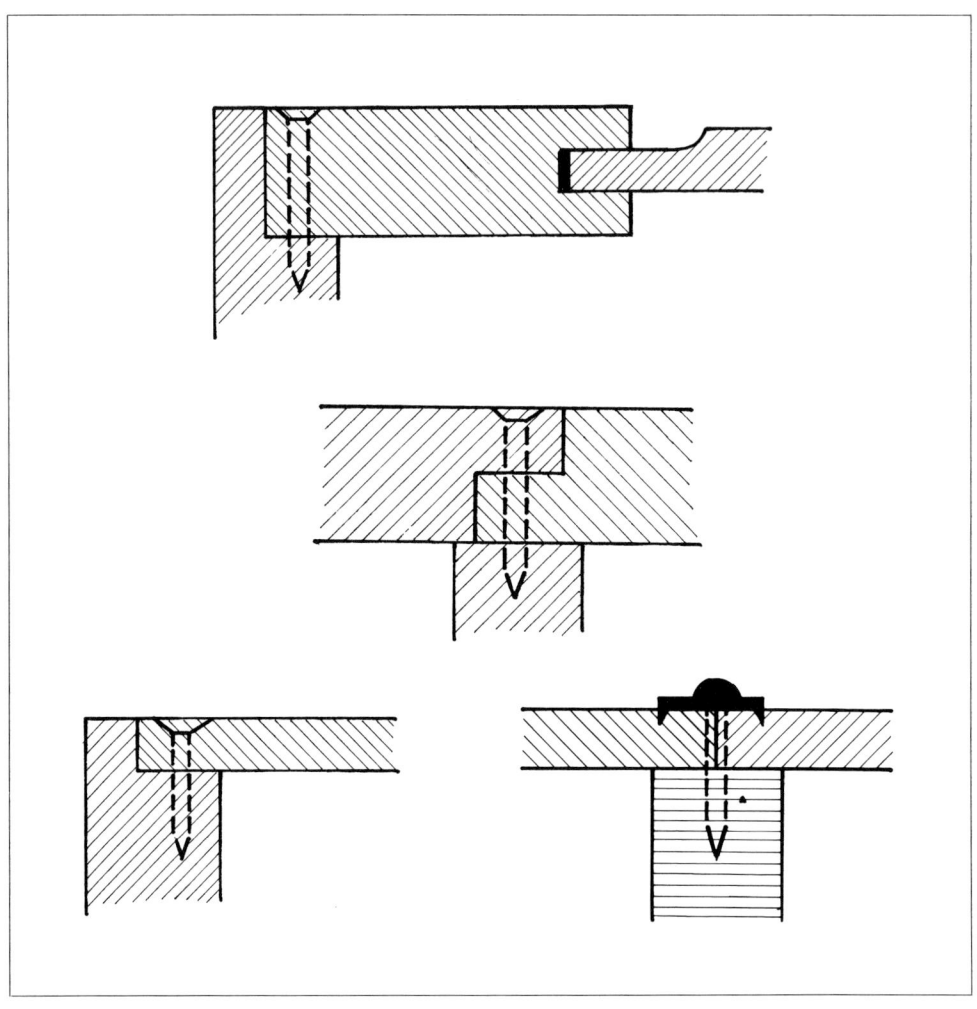

10   *Verschiedene Befestigungsarten der Rückwände.*

holz angebracht. Verbunden werden diese Teile meistens durch eine angehobelte oder eingesetzte Feder. Daneben gibt es die durchgestemmte Hirnleiste. Sie besitzt einen durchgehenden Zapfen, der von außen verkeilt wird. Dadurch erhält die Verbindung eine größere Festigkeit.

Gratleisten setzen nicht nur dem Bewegen größerer Vollholzplatten, wie zum Beispiel den Tischplatten oder Zeichenbrettern, Widerstand entgegen, sie dienen auch zum Befestigen der Stuhlbeine. Gratfedern und Gratnuten können von Hand gearbeitet als auch maschinell gefräst werden.

16

Längsverbindungen werden hauptsächlich bei Zimmererarbeiten verwendet. Sie ermöglichen das Verlängern, das Zusammenfügen von Hölzern in Richtung der Holzfasern. Diese Verbindungen, die Schiftungen, Schichtverleimungen, Überplattungen, Schlitz- und Zapfenverbindungen sowie Keilverschlüsse sollen hier nur angesprochen werden, weil sie nur in wirklich seltenen Fällen, im Möbelbau zum Beispiel nur bei Tischplatten, vorkommen können.

Eckverbindungen dagegen dienen zum Zusammenbauen, zum Verbinden von Einzelteilen über Eck. Die einfachste Art, zwei Bretter miteinander über Eck, also waagerecht und senkrecht, zu verbinden ist das Nageln oder Schrauben. Man kann zwar diesen stumpfen Stoß noch zusätzlich

verleimen, doch wird diese Verbindung nur bei untergeordneten Arbeiten angewendet.

Dübelung ist die derzeit gebräuchlichste Verbindung von stumpf zusammenstoßenden Holzteilen, nicht nur bei Sperrholz oder Spanplatten. Wie bei der gedübelten Fuge müssen die Bohrlöcher exakt und genau einander gegenüberliegend angezeichnet und senkrecht gebohrt werden, um den richtigen Sitz der einzelnen Holzteile zu gewährleisten.

Bei **Nut- und Federverbindungen** wird an einem Teil eine Nut und am anderen Teil eine dazu passende Feder ausgesägt. Beide Holzteile können aber auch genutet und dann durch eine eingesetzte Feder verbunden werden. Der besondere Vorteil

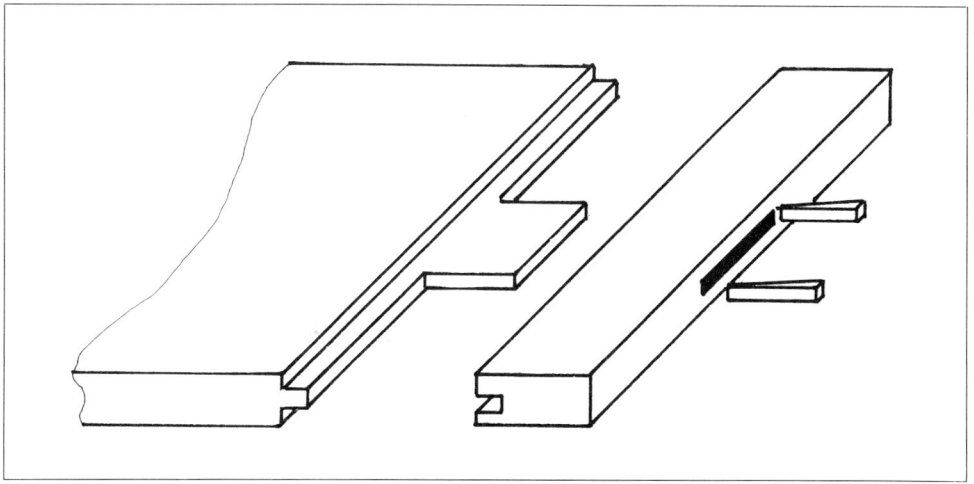

11 *Durchgestemmte Hirnleiste.*

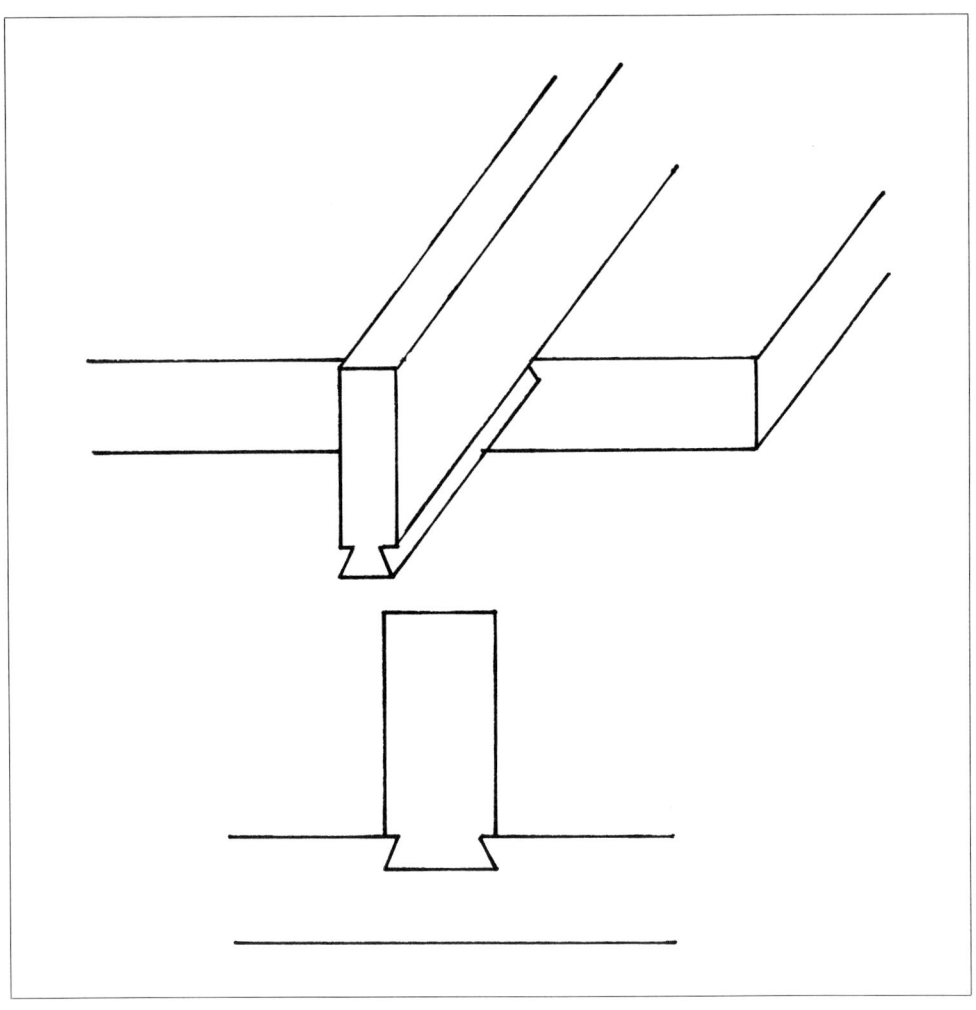

12 Stehende Gratleiste.

dieser Holzverbindung liegt darin, daß an den Vorderkanten die Art der Verbindung nicht sichtbar ist. Alle Teile werden durch Leimen miteinander fest verbunden.

Das **Graten** ergibt beim Zusammenbauen der Möbelteile aus Vollholz eine sehr haltbare Verbindung. Beide Holzteile liegen so beieinander, daß sie gleichmäßig schwinden und quellen können und sich gegenseitig geradehalten. Auch hier kann die Verbindung an den Vorderkanten unsichtbar sein, wenn die Gratnut nicht nach vorn durchgearbeitet und die Gratfeder entsprechend abgesetzt ist.

Die **Zinkenverbindung,** vereinfacht auch Schwalbenschwanzzinken genannt, findet man in der Regel nur noch an älteren Möbeln aus Vollholz. Die Ausführung der verschiedenen Schwalbenschwanzverbindungen, einfache (offene) Zinkung, die halbverdeckte Zinkung, die Gehrungszinkung und die einseitige schräge Zinkung, hat noch in den 60er Jahren den Lehrlingen manchen Schweißtropfen abverlangt. Durch die mehrfache Verzahnung keilförmiger Zapfen ist diese Eckverbindung in ihrer Haltbarkeit allen anderen Verbindungen überlegen. Bei der einfachen (offenen) Zinkung bleibt die Verbindung sichtbar. Sie wurde, zum Beispiel bei Truhen, meistens mit der Hand hergestellt. Darf eine Verbindung nur einseitig sichtbar sein, beispielsweise bei Schubkästen, so setzt man die halbverdeckte Zinkung ein. Dabei bleibt etwa ein Drittel an der Hirnseite des Holzbretts, dem sichtbaren Teil, stehen. Vollkommen verdeckt werden die Schwalben und Zinken bei der Gehrungszinkung. Diese Art dient vor allem zum Verbinden der Schrankseiten mit dem Boden sowie von Truhenseiten. Sie eignet sich besonders für allseitig furnierte Holzteile.

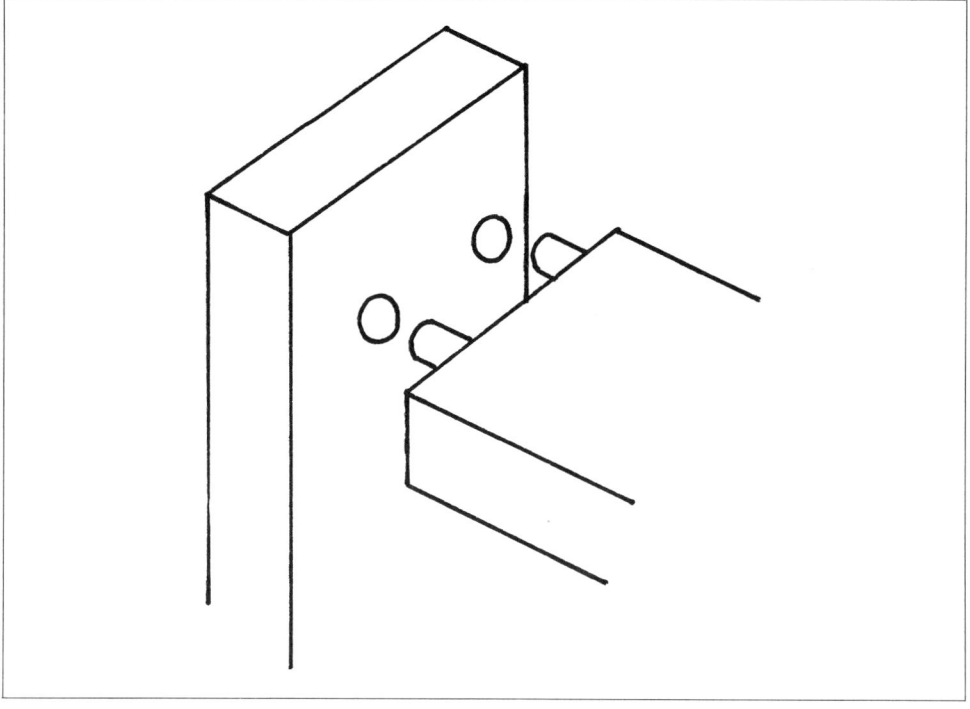

13 Dübelverbindung.

19

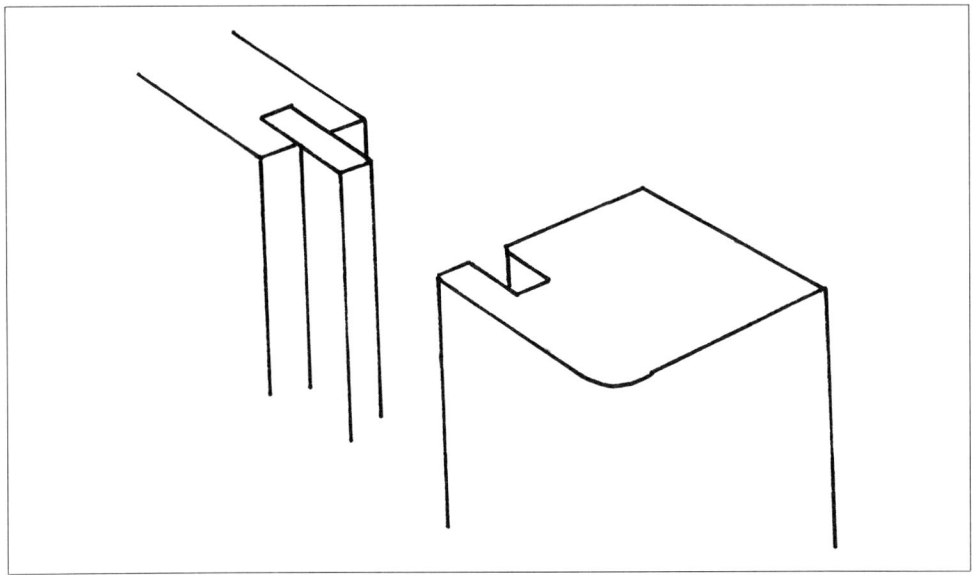

14 *Nut und eingesetzte Feder.*

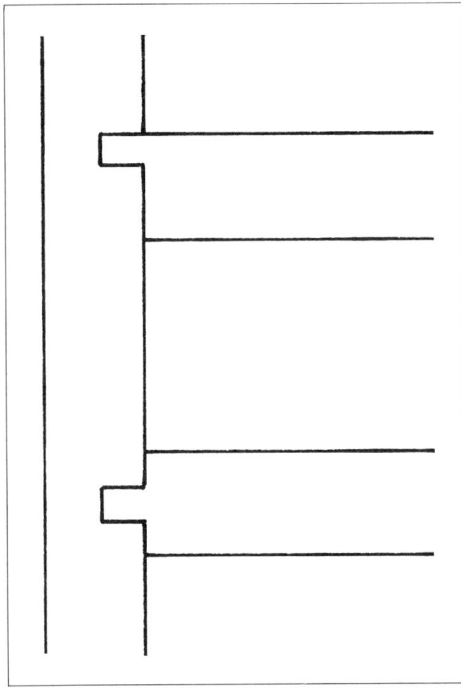

15 *Nut und angeschnittene Feder.*

Die **Fingerzinkung** wurde früher nur bei sehr einfachen Arbeiten angewendet. Mehrere aneinandergereihte Schlitze und Zapfen verbanden die Bretter über Eck miteinander. Heute kann diese Verbindung mit den meisten Heimwerkergeräten hergestellt werden, wenn sie eine entsprechende Vorrichtung besitzen.

Rahmen- und Stollenverbindungen

Die einfachste Eckverbindung für Rahmen ist der stumpfe Stoß auf Gehrung. Dabei stößt Hirnholz gegen Hirnholz. Durch eingebohrte Dübel, durch Einschieben einer Querholzfeder oder durch Einsetzen eines Eck-

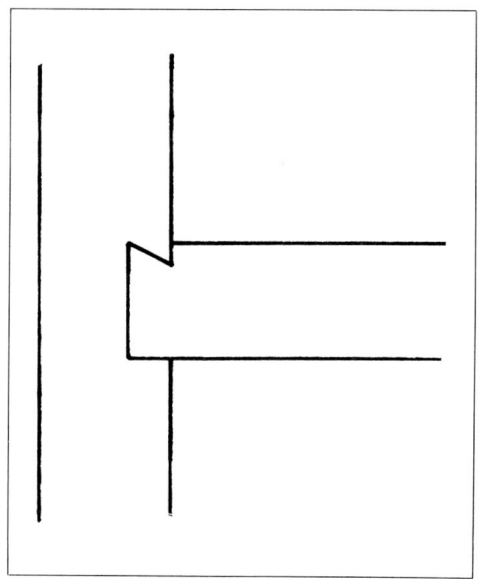

16 *Einseitiger Grat.*

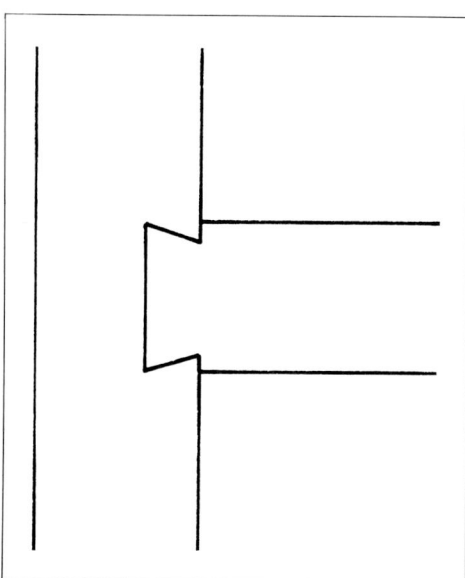

17 *Doppelseitiger Grat.*

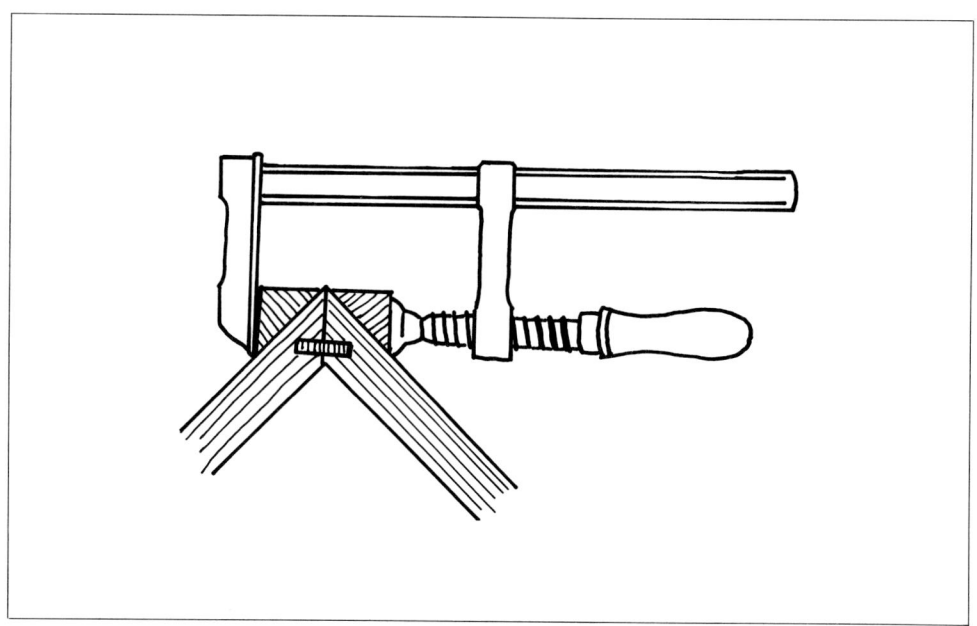

18 *Verleimen einer Gehrungsecke: Auf Gehrung geschnitten, genutet und mit einer eingesetzten Feder verbunden. Das Zusammenpressen wird durch aufgeleimte Dreikantleisten erreicht. Das spätere Ablösen läßt sich durch eine Papierzwischenlage erleichtern.*

21

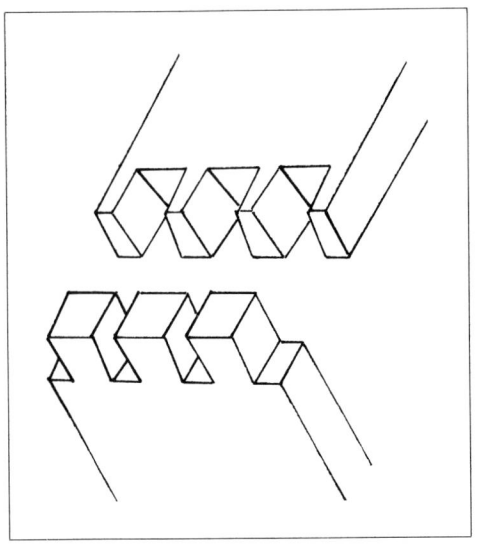

19 *Offene Schwalbenschwanz-Zinkung.*

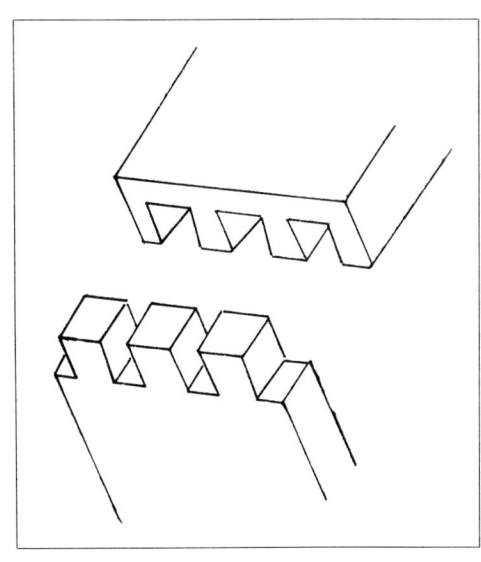

20 *Halbverdeckte Schwalbenschwanz-Zinkung.*

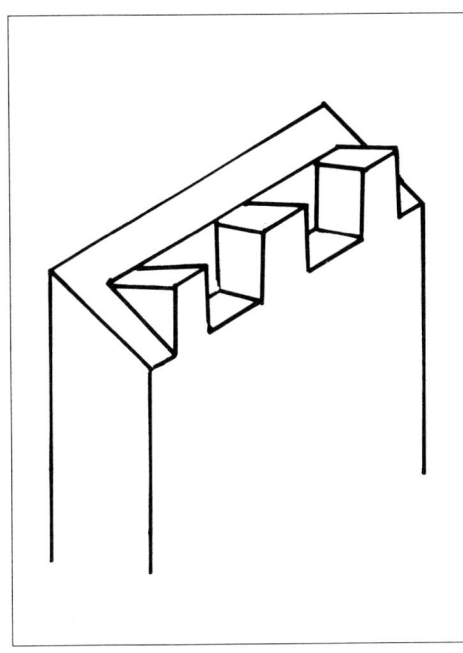

21 *Gehrungszinkung.*

zapfens wird die geleimte Verbindung verbessert und haltbarer.

Bei der Überplattung werden die Holzteile über Eck oder in Kreuzform miteinander verbunden. Sie werden an ihren Enden auf halber Holzdicke rechtwinklig oder auf Gehrung ausgeschnitten. Nach Verleimung wird diese Verbindung häufig durch Holz- oder Sternnägel gesichert.

Das Sprossenkreuz mit seinem Falz dient zur Aufnahme von Holz- oder Glasfüllungen, nur das hier die Fase oder das Profil besonders berücksichtigt werden muß.

Die Schlitz- und Zapfenverbindung wird am häufigsten angewendet. Die aufrechten Rahmenteile erhalten die Schlitze und die waagerechten die Zapfen. Damit der Rahmen eine Holz-

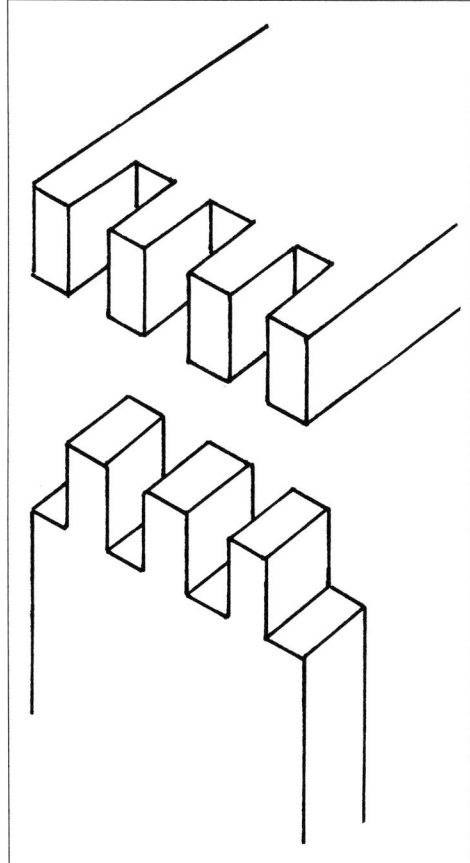

22 Fingerzinkung.

Beschädigte Teile reparieren

Mit dem Wissen um die wichtigsten Holzverbindungen können beschädigte Teile bewußter herausgelöst und wieder neu verleimt oder ersetzt werden. Zunächst fehlendes handwerkliches Geschick läßt sich zwar nicht durch überlegtes Vorgehen ausgleichen, verhindert jedoch zusätzliche Beschädigungen. Müssen Ersatzteile angefertigt werden, so ist, wie beim alten Handwerker, ein äußerst penibles Messen, Anreißen und Bearbeiten eine unerläßliche Grundbedingung.

Hat man beispielsweise einen alten Tisch gefunden oder erworben, so wird zuerst die Standfestigkeit geprüft. Das geschieht durch kräftiges Rütteln und Verkanten. Zeigt sich dabei, daß der Tisch wackelt, kann man ihn umdrehen. Die Tischbeine ragen nun nach oben, so daß jede einzelne Verbindung noch besser kontrolliert werden kann. Die am meisten vorkommende Verbindung wird der Stemmzapfen sein, die ein entsprechend zugeschnittenes und angeschraubtes Hartholzstück zusätzlich stabilisiert. Es kann möglich sein, daß durch Anziehen oder Auswechseln der Schrauben der Schaden behoben ist. Besser ist es jedoch, dieses Winkelstück abzunehmen und die Holzverbindung als Ganzes zu prüfen.

Die Verbindung zwischen Tischbein und Tischplatte ist häufig eine Dübelung, die an den Längsseiten durch angeschraubte, kleine Metallwinkel verstärkt wird. Bei größeren, schwe-

füllung aufnehmen kann, wird an der Innenkante ein Falz oder eine Nut ausgefräst. Eine auf Gehrung geschnittene Leiste hält dann die eingelegte Füllung. Bei Rahmen mit einer Nut werden die Füllungen beim Zusammenfügen der Rahmenteile mit eingeschoben. Die Füllungen sollen nicht am Rahmen festgeleimt werden. Besonders Vollholzfüllungen müssen in Nut oder Falz Spielraum haben, damit sie arbeiten können.

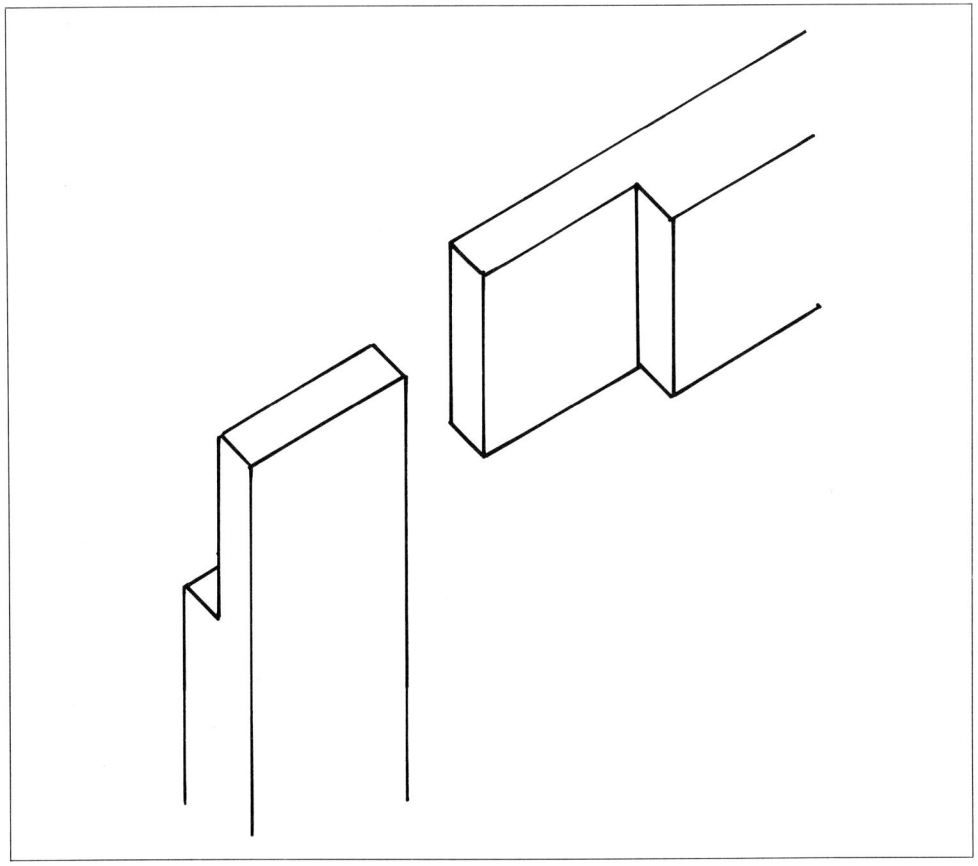

23 *Ecküberplattung.*

ren Tischen zeigen sich unter der Tischplatte quer zur Längsrichtung herauskragende Holzteile. Es sind Gratleisten, die die einzelnen Bretter der Platte in Form halten und in die Zargen (= waagerechte Verbindung zwischen den Stollen = Tischbeine) eingelassen sind.

Zur Prüfung stellt man sich dazu auf die Tischplatte und zieht ein Tischbein kräftig nach oben. Lösen sich Teile der Verbindung, so muß versucht werden, die restlichen Teile ebenfalls zu trennen. Nur dann kann, nach sorgfältigem Abschleifen der alten Leimreste und dem Auswechseln beschädigter Teile durch neue, eingepaßte Holzstücke, die alte Verbindung neu verleimt und die alte Stabilität wieder erreicht werden.

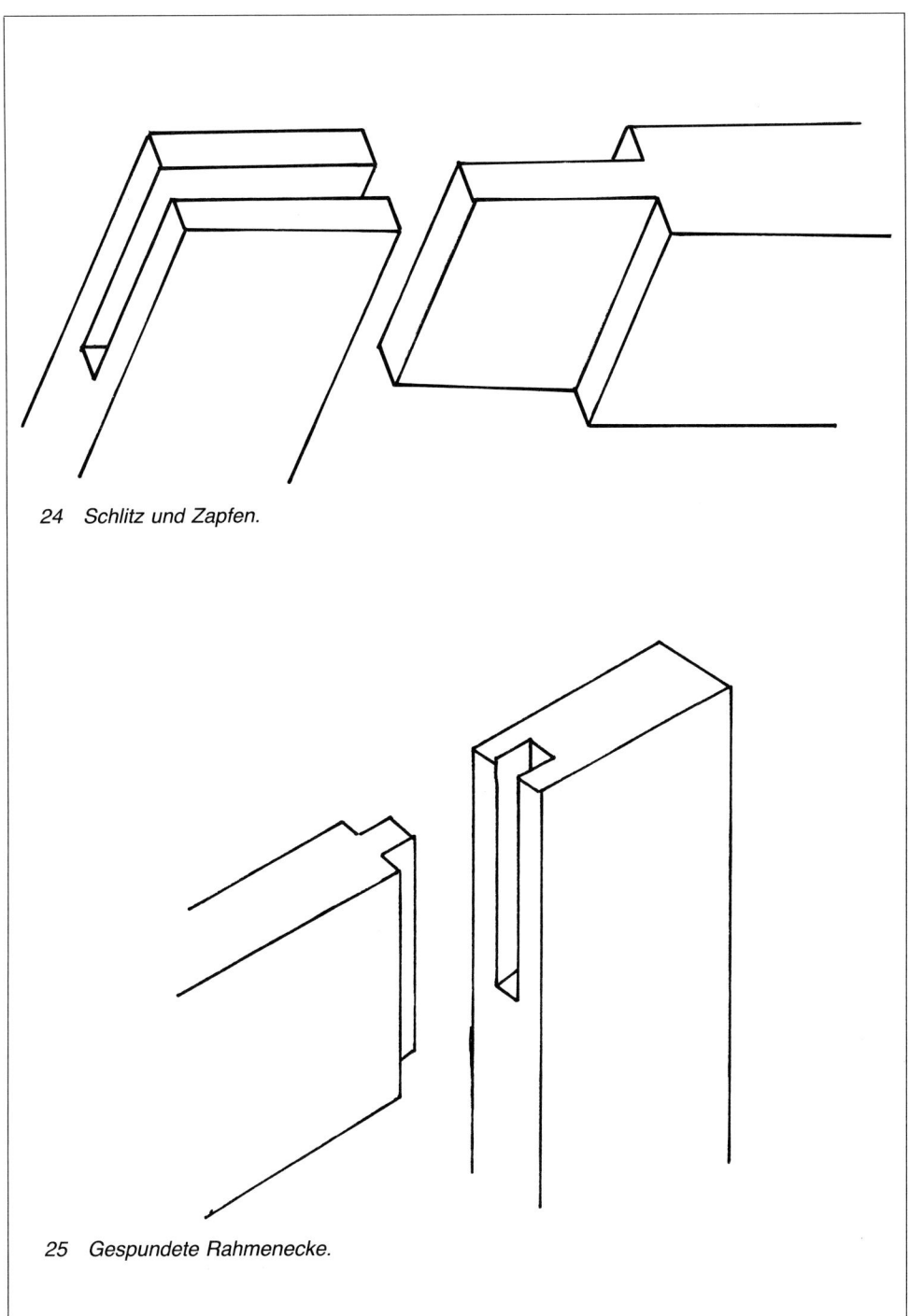

24 Schlitz und Zapfen.

25 Gespundete Rahmenecke.

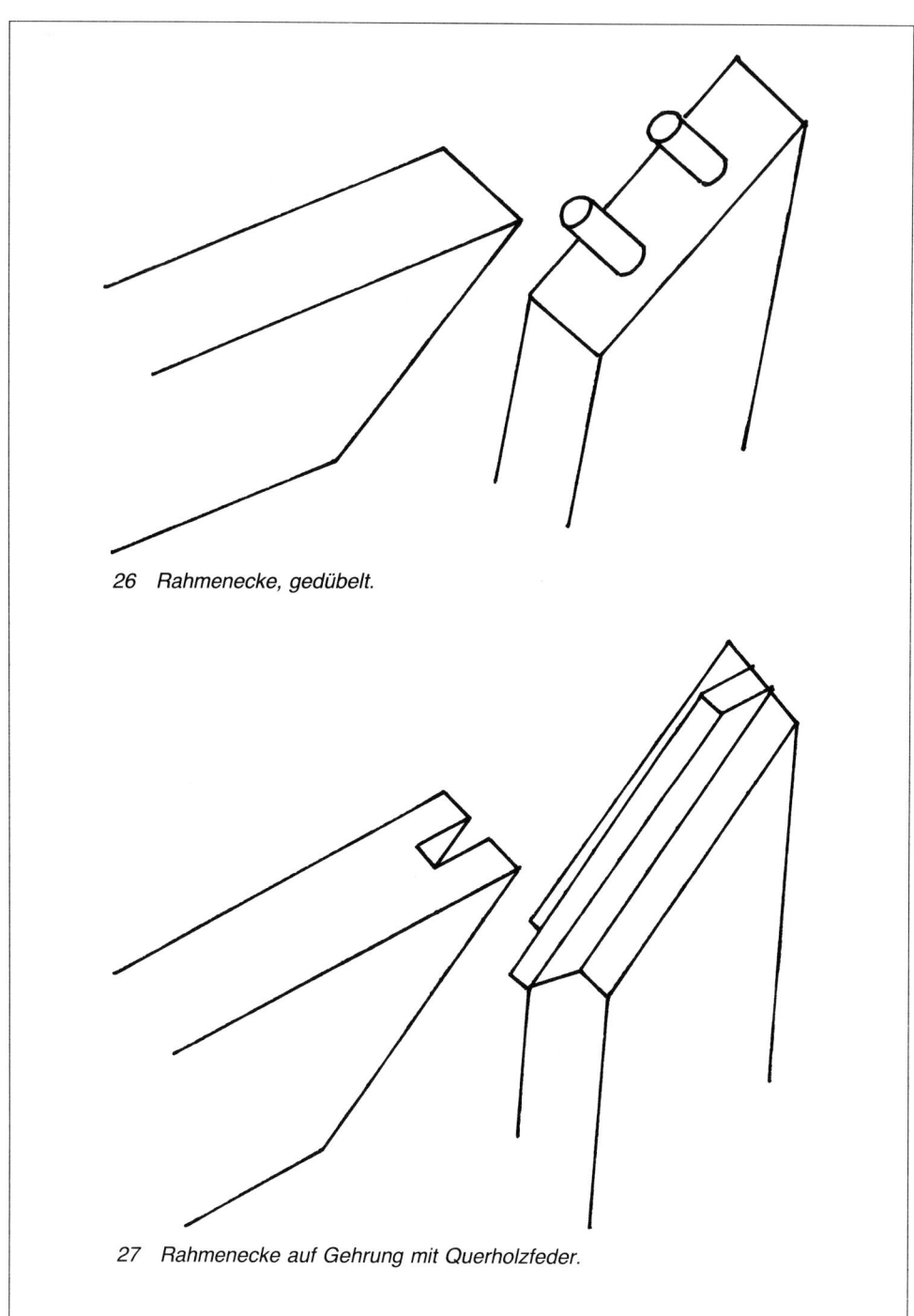

26 Rahmenecke, gedübelt.

27 Rahmenecke auf Gehrung mit Querholzfeder.

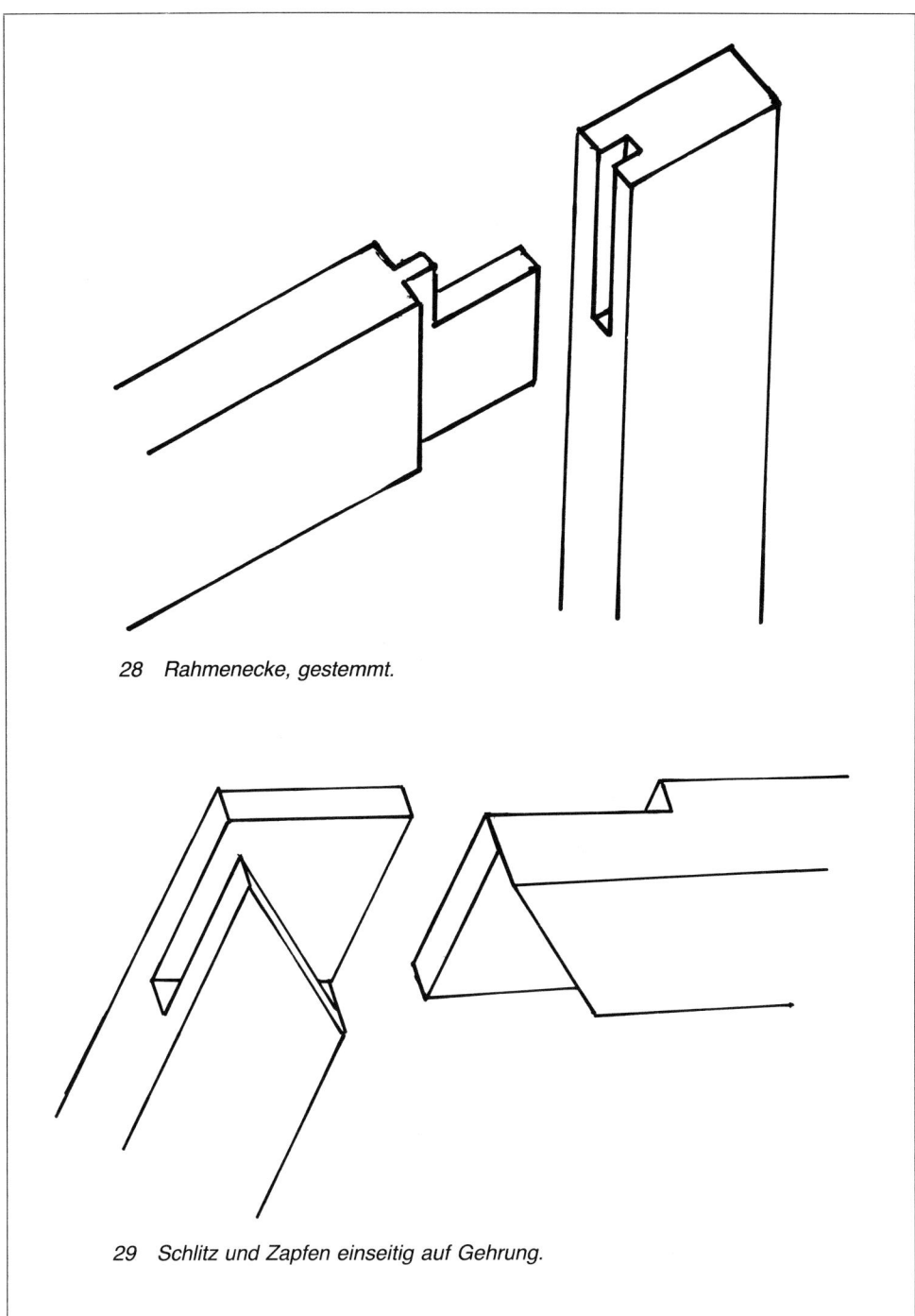

28   Rahmenecke, gestemmt.

29   Schlitz und Zapfen einseitig auf Gehrung.

Fast gleich ist das Vorgehen bei Stühlen. Schon leichte Bewegungen beim Sitzen geben zu erkennen, wie stabil der Stuhl und seine Holzverbindungen sind. Es sollte nicht mit Gewalt geprüft und damit unter Umständen etwas zerstört werden, kräftiges Drücken und Verkanten genügt.

Natürlich kann und wird beim Zerlegen der einzelnen Holzverbindungsteile ein Verbindungselement beschädigt. Nicht immer muß deshalb ein neues Stück angefertigt werden. Häufig, insbesondere bei kleineren Möbelstücken, läßt sich durch Einsetzen von zwei oder drei Dübeln oder durch Einfräsen von Nuten und Einschieben einer Feder eine neue, gleichwertige Verbindung wiederherstellen.

Je nach Bauart und Alter können bei einem Schrank mehrere verschiedene Holzverbindungen zu finden sein. Hierzu kommen noch Beschläge aus Metall, die die einzelnen Möbelteile fest miteinander verbinden und Türbänder, also Scharniere unterschiedlicher Art. Da es heute nicht immer leicht ist, diese alten Beschläge zu ersetzen, empfiehlt es sich, sie auszubauen und zu reinigen. Um ihnen zum

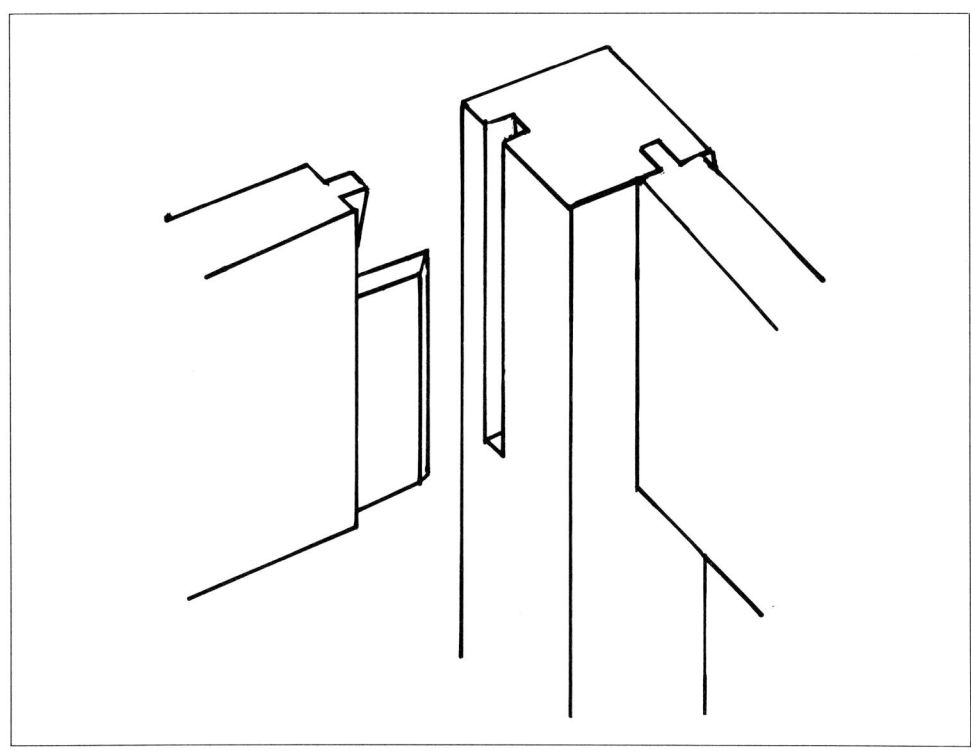

30 *Verbindung von Stollen mit Zargen.*

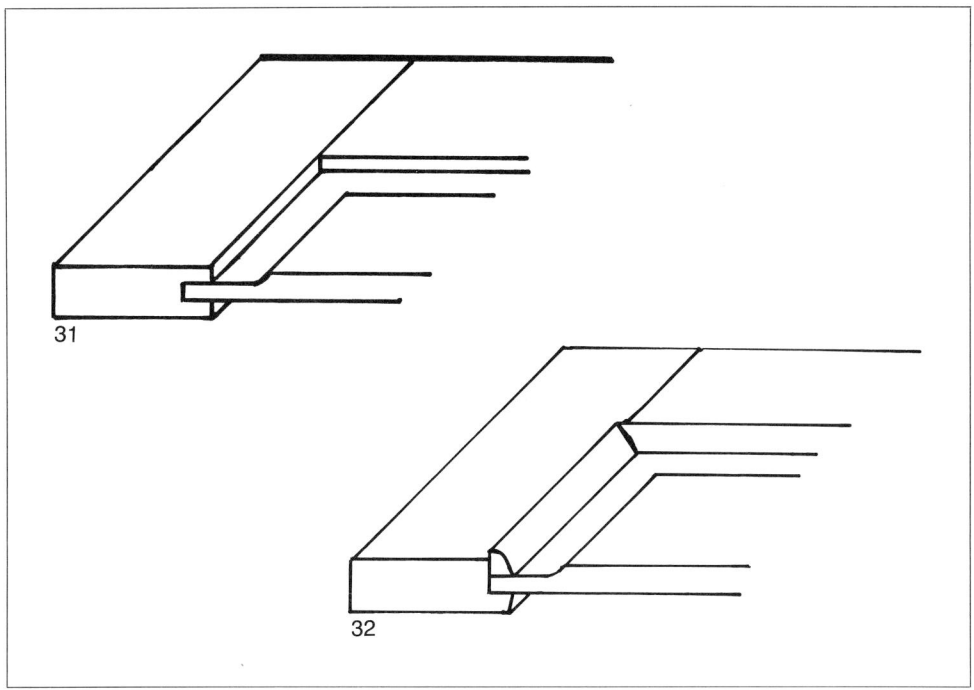

31 Rahmen mit Nut und Füllung.

32 Rahmen mit Falz und Füllung.

Wiedereinbau einen neuen festen Halt zu verschaffen, leimt man in die alten Schraubenlöcher kleine Holzstücke oder Dübel ein.
Schränke wurden so gebaut, daß sie zum Transport zerlegbar sind. Zum Verbinden der Schrankseiten mit dem Kranz und dem Sockel dienen sogenannte Schrankschrauben. Die Türen waren mit Scharnierbändern zum Aushängen versehen. Die beiden Teile des Scharniers wurden entweder durch einen einzuschlagenden Stift (Dorn), der die Drehachse bildet, zusammengehalten oder aber dieser Stift war mit einem Scharnierteil fest verbunden; das andere Teil hatte eine Öse, die den herausragenden Stift aufnahm. An den Stiftenden befanden sich häufig gedrehte Knöpfe als Verzierung.
Auch bei den Möbelschlössern hat es zwischenzeitlich Veränderungen gegeben. Deshalb sollte man sich rechtzeitig nach einem passenden Ersatz umsehen. Ist aber der Schlüssel noch vorhanden und das Schloß noch funktionstüchtig oder es kann nach gründlichem Reinigen und Ölen wieder gebrauchsfähig gemacht werden, so

sollte man es wiederverwenden. Denn die Holzdicke, das herausgearbeitete Schlüsselloch, das Schlüsselschild zum Schutz der Bohrung und zur Schlüsselführung sowie das Schließblech bilden eine Einheit, die das Aussehen des Möbels mitbestimmen. Das gleiche gilt für Möbelknöpfe oder Möbelgriffe, die dem Öffnen oder Schließen von Türen und Schubkästen dienen.

Besonders sorgfältig sind Glasscheiben zu behandeln, sofern man das Glück hat, beispielsweise einen Schrank mit unbeschädigtem Glas zu bekommen. Einzelne Glasarten sind heute, wenn überhaupt, nur sehr schwer zu bekommen. Verwendet wurde Tafelglas, also ein gezogenes Flachglas. Die Glastafeln sind glatt, in sich gleichmäßig dick, aber leicht wellig. Diese Schlieren oder Ziehstreifen entstehen bei der Herstellung quer zur Ziehrichtung. Tafelglas wurde durch Biegen, Schleifen, Sandstrahlen, Ätzen oder durch Aufbringen anderer Stoffe veredelt. Gebogene Scheiben wurden nach Angaben des Bestellers anhand einer Zeichnung mit genauen Maßen, einer Schablone oder einem Holzmodell in der Glashütte gefertigt. Glasscheiben mit geschliffenen, schräg abgefasten Kanten sind ebenfalls Sonderanfertigung. An Schiebetüren aus Glas sind die Kanten gebrochen und eine muldenförmige Vertiefung als Fingernute eingeschliffen. Durch künstliches Aufrauhen mittels Sandstrahlen oder durch Ätzen mit Flußsäure wird Mattglas erzeugt. Durch Abdecken kann in die Scheiben

ein Ornament oder ähnliches eingebracht werden. Bekannter dürfte das Eisblumenglas sein. Flüssiger Leim auf angerauhtem Mattglas reißt beim Trocknen Teilchen der Glasoberfläche ab und erzeugt so das Eisblumenmuster.

Holzarten

Die beim Möbelbau zur Verwendung kommenden Holzarten unterteilt man nach inländischen beziehungsweise europäischen Hölzern und nach außereuropäischen. Eine weitere Unterscheidung kann nach Nadelhölzer und Laubhölzer erfolgen. Diese Auswahl beschränkt sich auf die am meisten anzutreffenden Hölzer, die im Möbelbau der letzten 50 Jahre verwendet wurden.

Die Kiefer, auch Föhre oder Forche genannt, wird als Möbelholz vielseitig verwendet. Besonders gut gewachsene Stämme werden zu Furnieren verarbeitet. Das Kiefernholz ist im Kern rötlich bis rotbraun und im Splint (= die Stammmitte umgebende, ringförmige Zone) gelb und zeigt deutliche Jahresringe. Es gilt als sehr dauerhaft und tragfest und läßt sich gut bearbeiten. Es besitzt viele Holzkanäle und dunkelt deshalb stark nach. Vor dem Beizen muß es entharzt werden. Die Zirbelkiefer besitzt zahlreiche, fest verwachsene und leicht zu bearbeitende Äste und ist wegen dieser schmückenden Wirkung sehr beliebt. Als härter und wertvoller gilt das Lärchenholz. Es ist elastisch, schwindet nur wenig und dunkelt an der Luft nach. Weil es harzarm ist, eignet es sich für naturfarbene Möbel ebenso wie für Furniere.

Von den Laubhölzern sind die Buche und die Eiche wohl am bekanntesten, weil am häufigsten bearbeitet. Bei der Rotbuche wird das gelblichweiße Holz später rotbraun, es ist hart und dicht mit sichtbaren Jahresringen. Im Dampf läßt es sich über Formen pressen und biegen. Dabei bekommt es eine schöne rotbraune Farbe und gilt deshalb als wertvoll. Es ist beliebt, weil es sich leicht färben, beizen und polieren läßt. Rotbuchenholz wurde und wird vielseitig verwendet zur Herstellung von Tischen, Stühlen, Kastenmöbel, Grat- und Laufleisten, Parkett, Treppen, Rundstäben, Knöpfen und Sperrholz.

Der Kern der Eiche ist gelblich- bis lederbraun und hat einen ausgeprägten säuerlichen Geruch. Er läßt sich sehr gut beizen, doch sollte man beim Ausbessern berücksichtigen, daß die Naturfarbe des Eichenholzes im Alter nachdunkelt. Überall, wo Anforderungen an Dauerhaftigkeit, Festigkeit, Haltbarkeit und gute Wetterbeständigkeit gestellt werden, wird Eiche von fast keinem anderen Holz übertroffen.

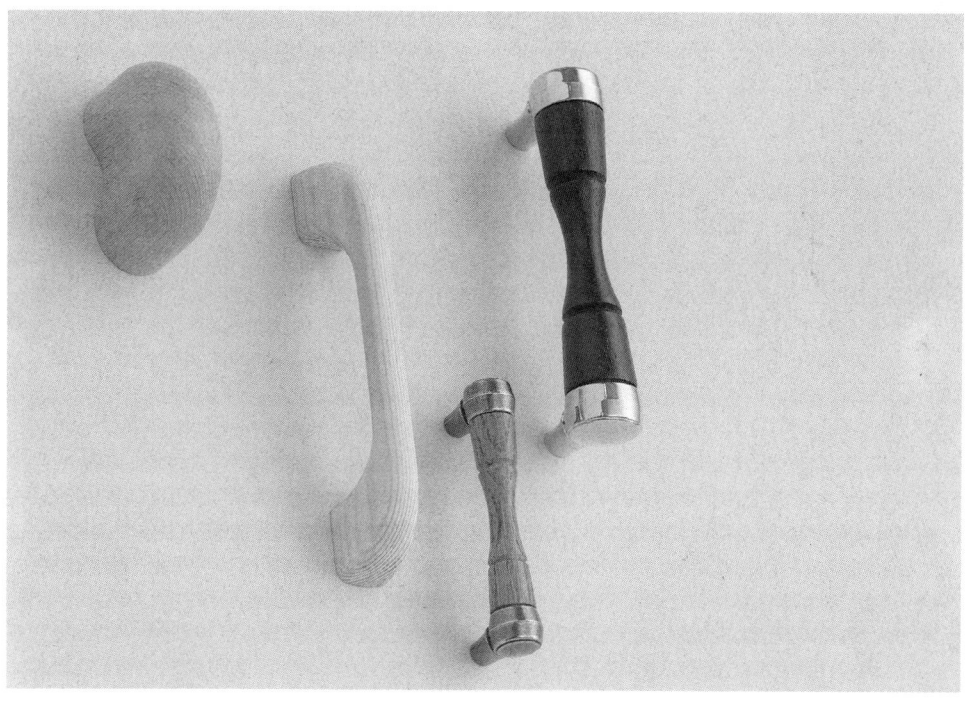

33 bis 37 Beschlagteile in diversen Stilformen, die das Möbelstück in besonderer Weise prägen.

34

35

32

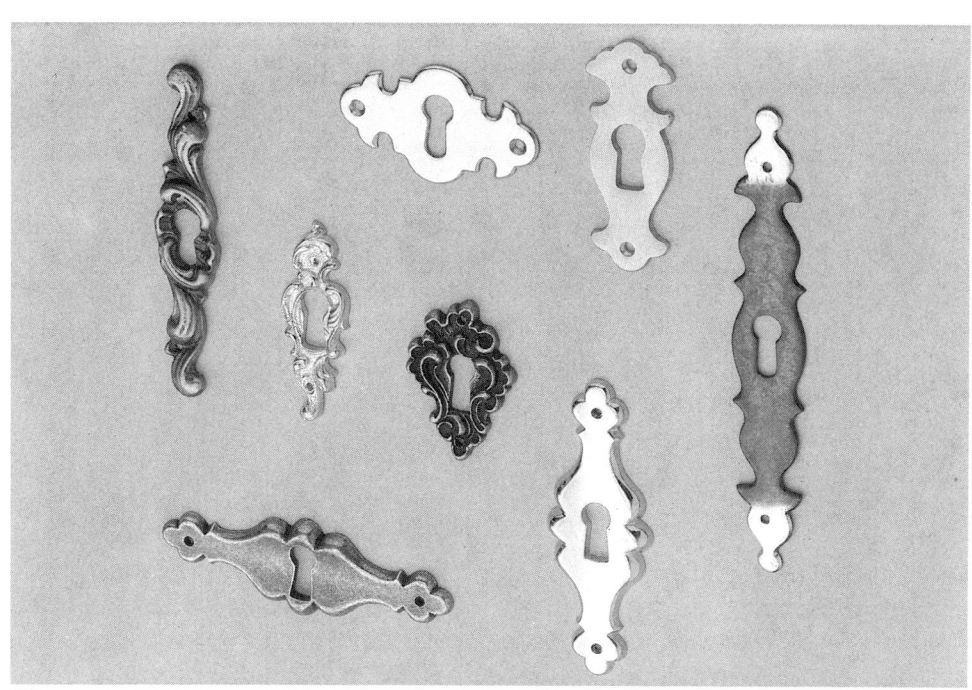

36

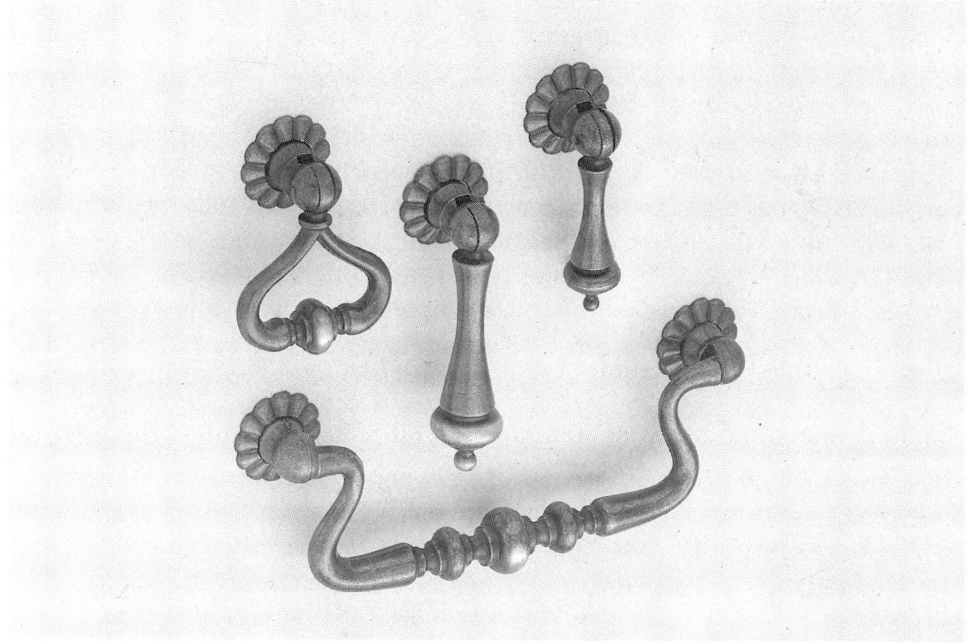

37

Nußbaumholz wird wegen seiner schönen Maserung sehr geschätzt und überwiegend zu Furnieren verarbeitet. Es unterscheidet sich in seiner Zeichnung jeweils nach der Herkunft; man kennt hier das deutsche, französische, italienische, kaukasische oder persische Nußbaumholz. Sein Kern ist graubraun und der Splint heller und grauweiß.

Die Birke ist ein begehrtes Möbelholz. Die Maserung wirkt geflammt oder gefleckt, mit braunen und schwarzen Flecken durchsetzt. Ihr Farbton schwankt zwischen hellgelblich und goldbraun. Birkenholz läßt sich gut beizen und polieren. Es werden aus diesem Holz meist Furniere hergestellt oder aber Dosen, Schalen und Blasinstrumente.

Ein weiteres, sehr beliebtes Furnier- und Möbelholz liefert der Kirschbaum. Dieses Holz mit seinem goldbraunen Kern und breiten, hellen Splint hat eine deutliche Zeichnung. Es ist hart und zäh, doch leicht zu bearbeiten und läßt sich gut beizen und polieren. Naturbelassen dunkelt es nach und bekommt seinen schönen, tiefen Farbton.

Das Ulmenholz, im Handel als Rüster bezeichnet, wird gern zu Furnieren verarbeitet. Sein schokoladenfarbener Kern, der gelbweiße Splint mit dem zackigen Bild und den groben Poren sollte nicht gebeizt und nicht poliert werden, man läßt es naturfarben.

Die wichtigsten außereuropäischen Hölzer galten in früheren Jahren als besonders kostbar und wertvoll. Ore-gonpine, bekannt als Douglasie, kommt aus Nordamerika und gleicht in ihren Eigenschaften und ihrem Aussehen der Kiefer. Ebenfalls in Nordamerika wächst der Redwood. Mit seinem rotbraunen Kern und gelblichen Splint ist er astfrei und läßt sich gut verarbeiten. Limba aus Westafrika wird als Deckfurnier bei der Möbelherstellung und Türblattfertigung verwendet. Zu seinem Aussehen – blaßgelb mit schwachem Olivschimmer und von gleichmäßigem Gefüge – läßt es sich gut bearbeiten. Als besonders schön gilt Mahagoni. Diese Edelfurniere mit ihrem rosabraunen Farbton besitzen das geringste Schwindmaß aller Hölzer und lassen sich gut polieren. Zu den wertvollen, überseeischen Edelhölzern muß auch Palisander/Rio-Palisander gezählt werden. Farblich schwanken die verschiedenen Palisanderarten von gelblich, rotbraun/violett, schokoladenfarben bis schwarz. Beim Bearbeiten, besonders beim Schleifen, entströmt diesem Holz ein unangenehmer Geruch, der sich aber schnell verflüchtigt. Um 1960 galten Möbel, zumindest der Tisch, aus Teakholz als Statussymbol. Seine Farbskala reicht von hell- bis dunkelbraun. Es ist ölhaltig und deswegen nicht polierbar und dunkelt nach.

Furnieren

Aus Edelholz werden heute nur noch wenige Kleinmöbel in Vollholzarbeit gefertigt, weil das dazu notwendige

Holz nicht mehr in ausreichender Menge zur Verfügung steht. Fast alle wertvollen Edelhölzer werden deshalb als Furnier verarbeitet. Diese dünnen Holzblätter können auf Blindholz, weniger wertvolles Vollholz, Sperrholz- oder Holzspanplatten, geleimt werden. Das Möbelstück soll dadurch so aussehen, als ob es aus Vollholz wäre. Man kann darüber hinaus einzelne Furnierteile nach ihrer Maserung in unterschiedlicher Form so zusammensetzen, daß eine schmückende dekorative Wirkung erreicht wird, zum Beispiel als Kreuzfuge, Karo, Rauten oder eingelegte Adern.

Vor der Reparatur der alten furnierten Fläche sollte zunächst geprüft werden, ob unbedingt ein neues Furnier aufgeleimt werden muß. Denn es wird nicht leicht sein, ein passendes Stück zu finden, das in der Struktur und in der Zeichnung der Maserung den anderen Möbelteilen gleicht. Durch vorsichtiges, leichtes Anfeuchten entstehen Beulen, so daß nach einem auftrennenden Schnitt mit der Rasierklinge oder dem Universalmesser Weißleim zugegeben und aufgepreßt werden kann. Bei kleinen, schwachen Beulen lohnt sich der Versuch, mit einem warmen Bügeleisen den alten Leim zu reaktivieren und durch Pressen mit dem sich abkühlenden Bügeleisen, das Furnier wieder anzukleben. Kleine Risse oder ausgebrochene Teile können mit farblich passendem Holzkitt ausgebessert werden.

Beim Neufurnieren ist das neue Furnier sorgfältig auszuwählen; müssen Furniere zusammengesetzt werden, so sollten die Teile aus demselben Stamm geschnitten sein und zueinander passen. Ferner ist es durchaus möglich, daß die Furnierteile durch zu trockenes Lagern wellig geworden sind. Damit die Stöße der einzelnen Teile beim Aufleimen genau passen, müssen sie zunächst angefeuchtet und unter geringem Druck zwischen farbfreiem Papier ebengepreßt werden. Gegebenenfalls muß dieser Vorgang wiederholt werden.

Vor dem Aufleimen des neuen Furniers muß das alte durch Abstoßen und Abhobeln restlos entfernt und der Untergrund, ob Vollholz oder Sperrholzplatten, durch Schleifen geebnet werden. Soll die fertig furnierte Fläche hochglanzpoliert werden, so empfiehlt es sich, vorher ein Unterfurnier (Blindfurnier) oder ein dünnes Gewebe (Nesselgewebe) aufzuleimen, um später Risse zu vermeiden. Besonders beim dekorativen Furnieren sollte blindfurniert werden.

Zum Aufleimen der Furniere verwendet man heute Weißleim, wie beispielsweise Ponal. Dieser dickflüssige Leim wird mit einem gezahnten Spachtel dünnschichtig aufgetragen. Das Furnier kann sofort aufgelegt und angepreßt werden. Der abgebundene, durchsichtige Leimfilm ist nicht wasserlöslich, kann aber bei Feuchtigkeit noch quellen. Erst wenn der Leim vollkommen abgebunden hat und die furnierten Platten getrocknet sind, kann weiter gearbeitet werden. Doch sollte das Austrocknen nicht zu rasch erfolgen.

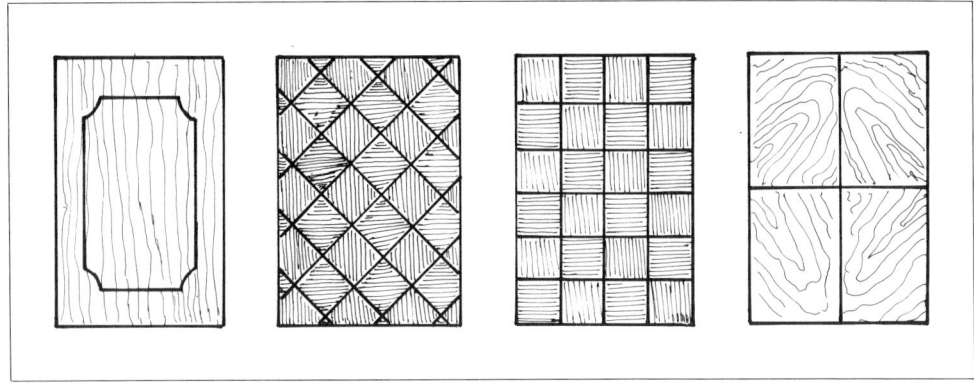

38 *Eine dekorative Wirkung wird durch entsprechende Furnierzusammenstellungen erreicht.*

Kunststoffe

Mit dem Begriff »Kunststoff« wurde lange Zeit der Begriff »Ersatzstoff« verbunden. Doch das ist längst vorbei. Kunststoff ist eine selbständige Rohstoffgruppe, wie beispielsweise Metall oder Mineralien, geworden. Die Bezeichnung Kunststoff benutzt man für Stoffe, die künstlich (synthetisch) aus Erzeugnissen des Erdöls oder aus den Ausgangsstoffen Kohle, Kalk, Luft hergestellt werden. Doch auch abgewandelte Naturstoffe, die durch chemische Veränderung von Naturstoffen entstanden, werden Kunststoff genannt, als Beispiel möge das Alkydharz, ein Grundstoff für Kunstharzlakke, dienen. Es entsteht durch Umwandlung pflanzlicher Öle mit Glyzerin und Phtalsäure, die aus dem Naphtalin des Steinkohlenteers gewonnen wird.

Polykondensate und Polymerisate nennt der Chemiker die beiden Hauptgruppen, die der Praktiker nach Duroplaste und Thermoplaste leichter unterscheidet. Duroplastische Kunststoffe werden nach dem Härten völlig unlöslich. Die sogenannten Schichtstoffplatten, die im Handel als Hornitex-, Formica-, Ultrapas- oder Resopalplatten bekannt sind, lassen sich durch Erwärmen nicht mehr verformen. Diese Platten werden in allen Farbtönen hergestellt und sind kratzfest, geruchfrei, unempfindlich gegen Feuchtigkeit und fast alle Chemikalien.

Thermoplastische Kunststoffe sind halbhart und erweichen bei jeder Erwärmung auf etwa 70 Grad Celsius wieder. Der bekannteste Stoff aus dieser Gruppe ist das Polyvinylchlorid, abgekürzt PVC. Es kann ebenfalls beliebig gefärbt werden und ist geruch- und geschmackfrei, sowie den meisten Chemikalien gegenüber sehr beständig. PVC verwendet man als Umleimer an Tisch- und Möbelkanten, deren Flächen mit Schichtstoffplatten belegt sind. Auch die Dispersionsleime und Kleber, wie zum Beispiel Ponal, gehören zu den thermoplastischen Kunststoffen.

Die Verarbeitung von Schichtstoffplatten kann mit den üblichen Hand- und Maschinenwerkzeugen erfolgen. Da aber die Werkzeugschneiden stark abnutzen, werden hartmetallbestückte Kreissägeblätter und Bohrer aus Schnellstahl benutzt. Lange gerade Kanten schneidet man mit einem diamant- oder hartmetallbestückten Glasschneider. Mit ihm wird die Platte auf der Farbseite angeritzt und zur Farbseite hin abgebrochen.

PVC-Umleimer können mit Kontaktkleber an die Kanten der Tischplatte geklebt werden. Weil diese Umleimer thermoplastisch sind und bei etwa 200

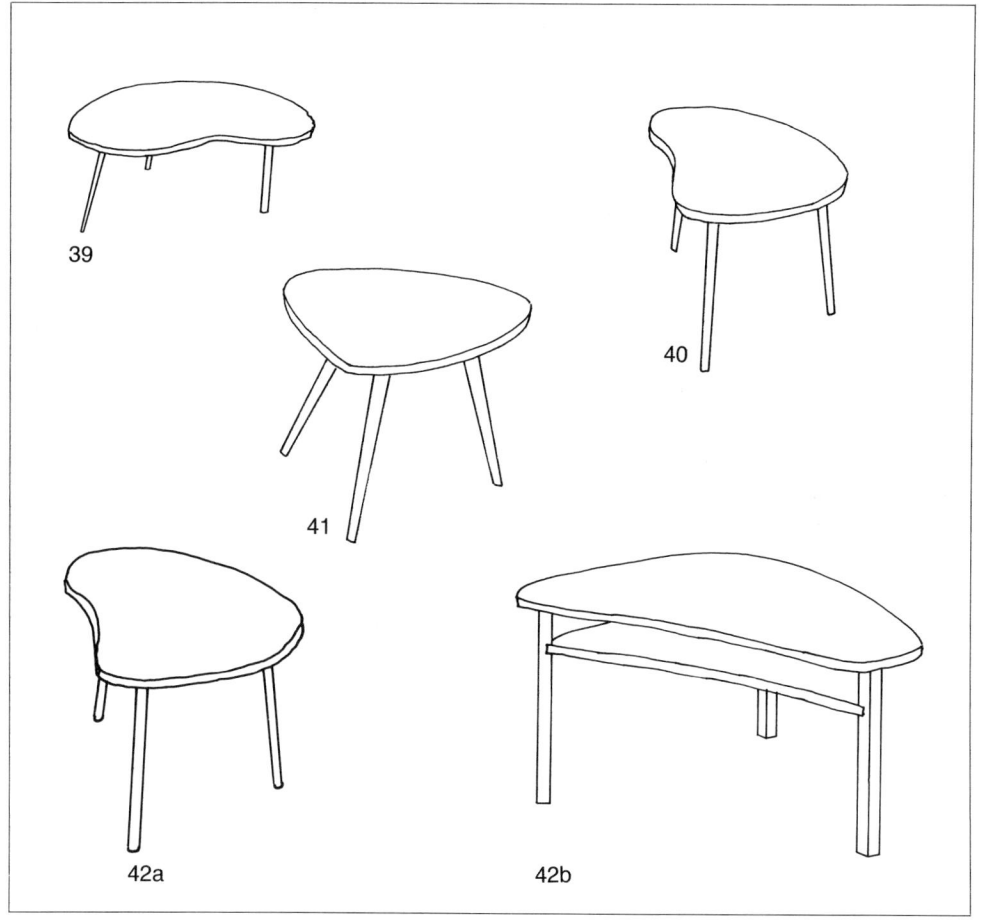

39 bis 42 a + b Die »Nierentische« waren zumeist mit Kunststoffplatten, den sogenannten Schichtstoffplatten, belegt.

Grad Celsius zu fließen beginnen, kann man mit wenig Aufwand die Enden verschweißen und einen geschlossenen Umleimerring herstellen. Der Umleimerstreifen wird etwas kürzer geschnitten, etwa bis zu zwei Prozent. Ein Messer wird erhitzt und mit dem Griff in den Schraubstock gespannt. Man drückt nun die Enden des Umleimers solange gegen die heiße Klinge bis die Enden zu fließen beginnen und drückt sie zusammen, bis sie erkalten. In heißem Wasser wird dieser geschlossene Umleimerring elastisch und kann in diesem Zustand, ohne Kleber, über die Kanten gezogen werden.

Werkzeuge und Geräte

Messen und Anreißen. Maßgerechtes Arbeiten ist die wichtigste Voraussetzung, damit die anzufertigenden Werkstücke passen. Genaues Messen und Anreißen (= das genaue Aufzeichnen ohne Zugabe) sowie rechtzeitiges Prüfen verhindern Ärger und Verluste an Werkstoffen und Zeit. Die wichtigsten Werkzeuge für diese Vorarbeiten sind in jeder eingerichteten Heimwerkstatt zu finden.
Für die **Längenmessung** verwendet man den ein oder zwei Meter langen Gliedermaßstab mit Gliederfederung. Bei einem Stahlbandmaß sollte das Gehäuse eine ebene Auflage, möglichst mit Maßeinteilung, haben. Das

genaue Messen der Stücke wird dadurch erleichtert.
Das genaue Messen der Dicke an flachen oder runden Holzteilen oder das Ausmessen der Tiefe sowie des Durchmessers von Rohrlöchern erfolgt mit der Schieblehre, mit der Noniusteilung (= Feinteilung) wird eine Genauigkeit von $^{1}/_{10}$ Millimeter erreicht.

Zum **Anreißen** und **Prüfen** von Winkeln verwendet man feste und verstellbare Winkelmeßzeuge. Der rechtwinklige (90 Grad) Anschlagwinkel sollte eine Stahlzunge mit Maßeinteilung und eine metallverstärkte Anschlagfläche haben. Beim Gehrungsmaß bildet die Anschlagkante mit der Zunge einen Winkel von 45 Grad. Die Schmiege ist ein verstellbarer Winkel. Mit der beweglichen Zunge können beliebig große Winkel abgenommen, übertragen und angerissen werden.
Neben einem spitzen Bleistift, je nach Holzart, mit der Härte HB, H oder F ist das Streichmaß das am meisten verwendete Anreißwerkzeug. Es hat zwei verstellbare Stäbe mit Maßeinteilung und Spitzen zum Anreißen von Dicken, schmalen Friesen, Schlitze und Fälze. Auch der Spitzbohrer ermöglicht einen scharfen und genauen Riß. Doch weil die Holzfläche damit verletzt wird und der Riß schlecht sichtbar sein kann, wird manchmal der Bleistift vorgezogen.
Zum exakten Übertragen von Maßen und zum Einteilen von Strecken wird der Stechzirkel verwendet. Eine Feststellschraube garantiert die Feineinstellung.

Sägen. Obwohl die meisten Sägearbeiten auch vom Heimwerker heute mit der Maschine ausgeführt werden, sind die alten bekannten Handsägen nicht zu entbehren. Sie lassen sich in zwei Gruppen – den Spannsägen und den Blattsägen – aufteilen. Selbstverständlich setzt der Umgang mit ihnen eine gewisse Handfertigkeit voraus, doch da der Einsatz sich hier weitgehend auf das Instandsetzen und Austauschen kleiner Teile beschränkt, kann fehlende Fertigkeit sicherlich durch überlegtes Arbeiten ausgeglichen werden. Deshalb wird der Fuchsschwanz für die gröberen Arbeiten ausreichen. Die Rückensäge hat ihren Namen durch einen »Rücken« erhalten, der als Blattversteifung dient. Die kleinen, leicht auf Stoß stehenden Zähne ermöglichen einen feinen Schnitt. Diese Sägenart kann in eine Vorrichtung eingebaut werden, um genaue Gehrungen schneiden zu können. Für feinste Schnitte setzt man die Feinsäge ein. Eine Art dieser Säge hat eine umlegbare Angel, das ist der Griff mit der Rückenversteifung, die mit zwei Schrauben das Sägeblatt halten. Diese Feinsägen sind für Linkshänder besonders geeignet.

Hobel. Der richtige Umfang mit diesem Werkzeug kann nur durch langes Üben und fachmännische Anleitung erlernt werden. In jeder Heimwerkstatt werden ein oder zwei Hobel stehen, die aber bisher selten gebraucht wurden, weil die fertigen Oberflächen des Platten- und Bretterangebotes nur noch geschliffen werden müssen. Zur Flächenbearbeitung genügt deshalb ein sogenannter Doppelhobel. Auf dem Hobeleisen liegt eine Eisenplatte, die »Klappe«. Diese genau eingestellte und mit dem Hobeleisen verschraubte Klappe hat die Aufgabe, den Holzspan unmittelbar hinter der Schneide zu brechen. Hobel für Kanten und Profile sind derart vielfältig in ihrer Form, daß selbst in alten Tischlerwerkstätten nur eine geringe Anzahl vorhanden ist und das Profilieren mit der Fräsmaschine ausgeführt

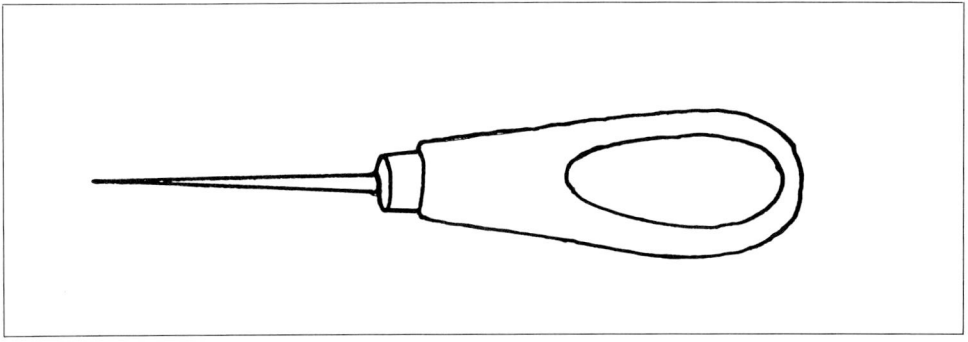

43   Spitzbohrer, der zum Anreißen und zum Vorstechen von Löchern für kleine Holzschrauben verwendet wird.

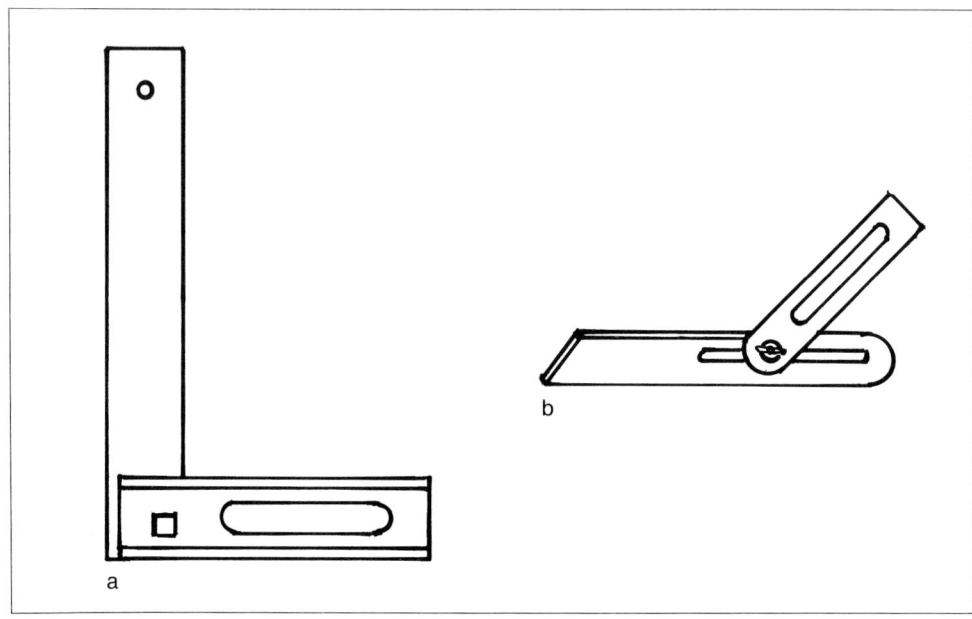

44   a Anschlagwinkel mit Stahlzunge, b Schmiege mit beweglicher Zunge.

wird. Deshalb ist auch dem versierten Heimwerker zu empfehlen, sich entweder beim Fachmann zu erkundigen und das entsprechende Werkzeug auszuleihen oder das vielfältige Angebot an Fräswerkzeugen, die in die Bohrmaschine eingesetzt werden, zu nutzen.

Stemmen. Stemmen ist das Herstellen von Vertiefungen mit den Werkzeugen Stechbeitel, Lochbeitel und Hohlbeitel sowie dem Klüpfel. Zinken, Schwalbenschwänze und Gratnuten werden mit dem Stechbeitel ausgestemmt und auch zum Einlassen von Beschlägen wie Schlösser, Scharniere und so weiter verwendet. Die gebräuchlichsten Breiten sind 6, 10, 12,

16, 20 und 24 Millimeter. Mit dem Lochbeitel lassen sich Zapfenlöcher ausstemmen, seine Breiten gleichen den Stechbeiteln. Die Hohlbeitel werden zum Nachstemmen von Hohlkehlen und zum Einlassen von runden Anschlagteilen verwendet. Der Klüpfel aus Holz schont das Heft (= Griff) der Beitel beim Ausstemmen oder Einlassen. Für kleine Holzteile kann man jedoch auch den Hammer aus Stahl verwenden.

Bohren. Der Spitzbohrer oder Vorstecher dient zum Vorstechen von Löchern für kleine Holzschrauben. Damit größere Bohrer genau angesetzt werden können und nicht verrutschen, wird mit dem Spitzbohrer der Mittel-

40

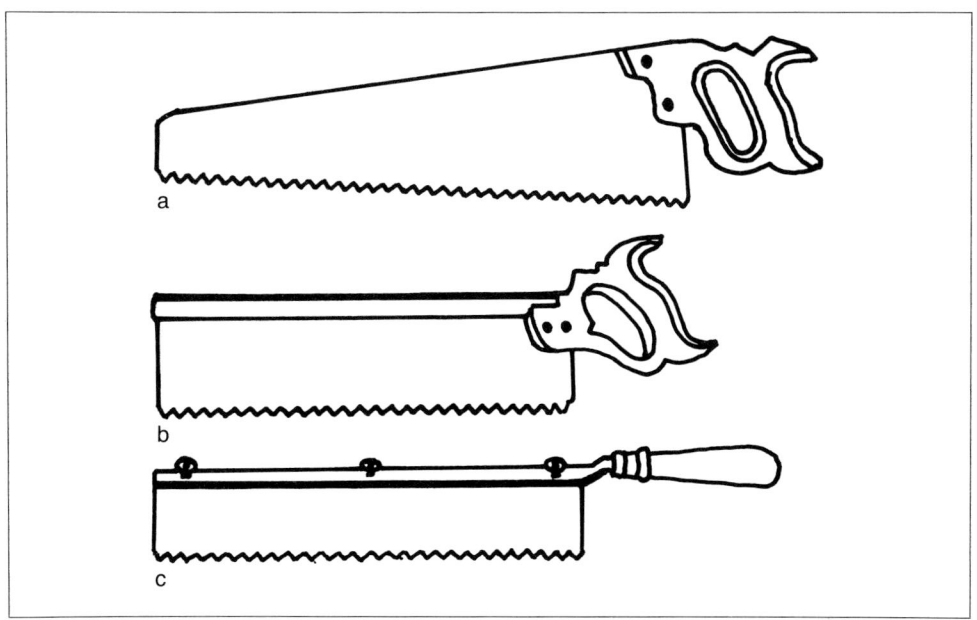

45   a Fuchsschwanz, b Rückensäge, c umlegbare Fein- und Zapfensäge, auch Leistensäge genannt.

punkt des Bohrloches vorgestochen. Wie der Spitzbohrer wird die Reibahle oder Stechahle zum Vorstechen von Schraubenlöchern verwendet. Die dreikantige Klinge kann nach dem Einschlagen gedreht werden, wodurch das kleine Loch vergrößert wird.

Mit den bekannten Spiralbohrern erhält man genaue runde und zylindrische Löcher. Wichtig ist der Krauskopf, auch Versenker oder Aufreiber genannt. Seine kugelartige Spitze mit mehreren Schneiden reibt das Bohrloch aus, damit sich die Schraube versenken läßt. Um Langlöcher, also Zapfenlöcher, herzustellen, gibt es verschiedene Fräsbohrer, meist als Spezialwerkzeug für den Handwerker.

Der Heimwerker kann dagegen mit dem Fräsbohrstichling in seiner Bohrmaschine Zapflöcher bohren.

Raspeln und Feilen. Geschweifte Flächen und Kanten, die nicht gehobelt werden können, bearbeitet man mit Raspeln und Feilen. Die auf dem Raspelkörper versetzt angeordneten, spitzen Zähne werden nach ihrer Form und Herstellung »Hieb« genannt. Je nach der Größe und dem Abstand der Zähne kennt man die grobe, die halbfeine und die feine Raspel. Am gebräuchlichsten bei der Holzverarbeitung sind die nach der Form des Raspelkörpers zu unterscheidenden Halbrund-, Flachhalbrund- (Cabinett-) und Rundraspeln.

41

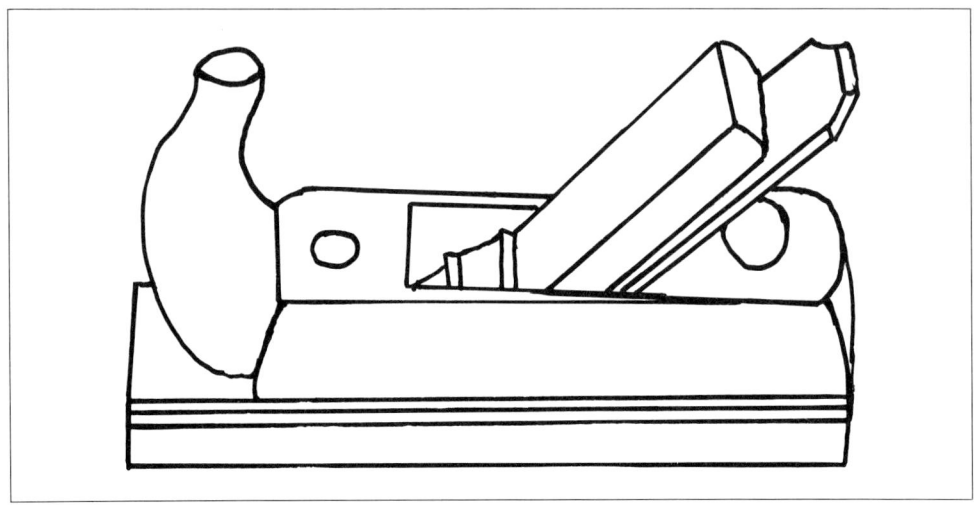

46 Hobel.

Die Flach-, Halbrund-, Flachhalbrund-(Cabinett-) und Rundfeilen werden zum Glätten der durch das Raspeln grob geformten Holzoberfläche eingesetzt. Ebenso aber zum Schärfen von Werkzeugen und Nacharbeiten von Beschlagteilen.

Hilfswerkzeuge. Zum Einspannen und Festhalten von Werkstücken ist

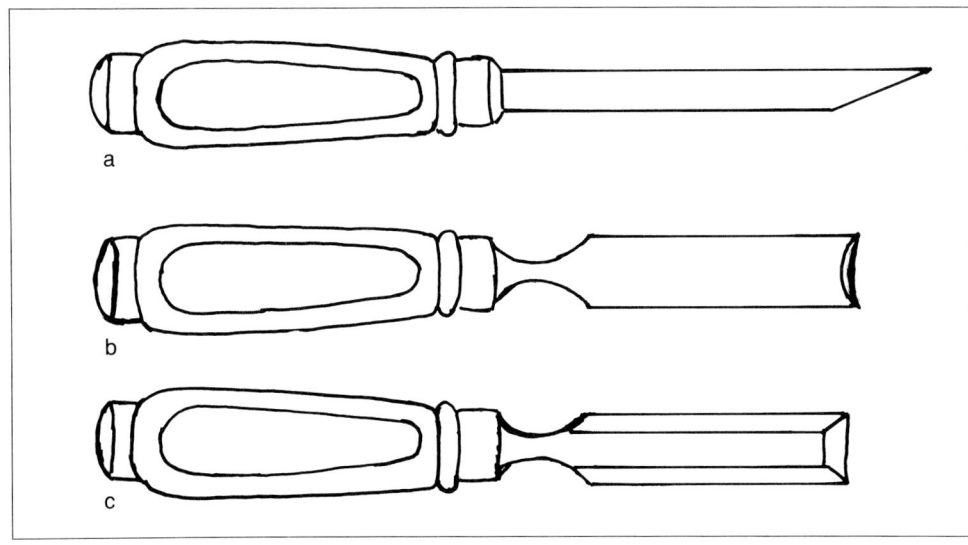

47 a Lochbeitel, b Hohlbeitel, c Stechbeitel.

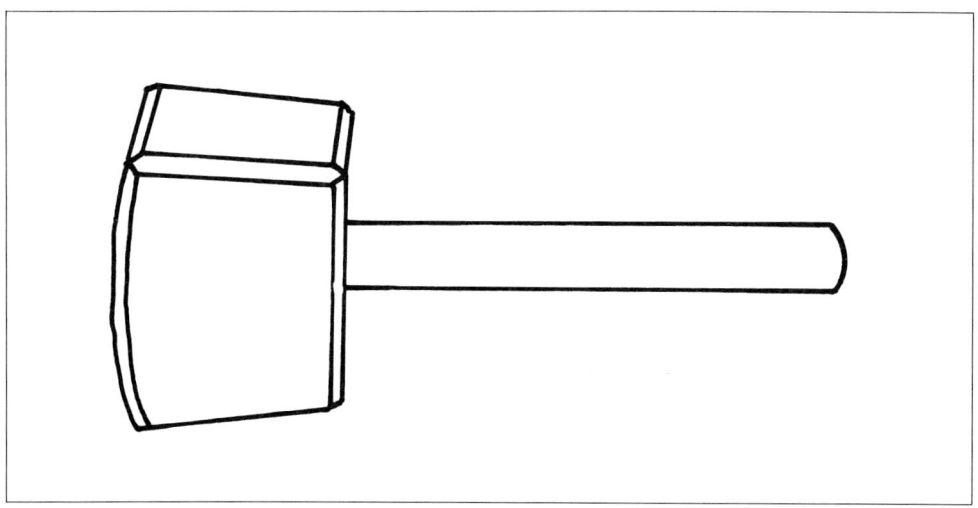

48 Klüpfel aus Holz.

die Hobelbank das beste Gerät. Doch nicht immer kann sich der Heimwerker eine leisten, meistens aus Platzmangel. Für diesen Zweck hält der Handel Vorrichtungen bereit, die, an einem festen Tisch befestigt, einen Großteil der geforderten Aufgaben erfüllen. Der Parallelschraubstock hat feste oder drehbare Spannbacken und wird für kleine Werkstücke auch vom Handwerker eingesetzt. Ein weiteres wichtiges Spanngerät ist die Schraubzwinge. Sie hält und preßt die zu verbindenden Teile in der richtigen Lage zusammen. Es gibt sie in verschiedenen Ausladungen und Spannweiten. Für kleinere Arbeiten werden Spannklammern verwendet.

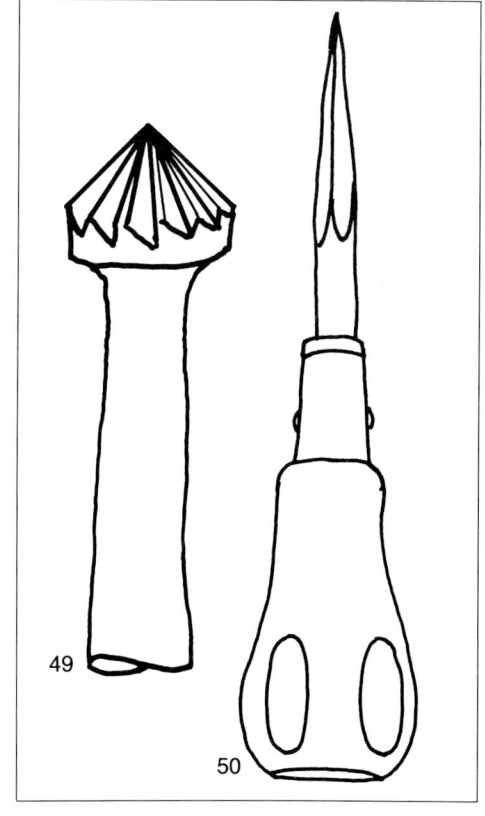

49 Krauskopf, wird zum Ausreiben von Schraubenlöchern verwendet.

50 Die kantige Reibahle wird nach dem Einschlagen gedreht und erweitert das vorgestochene Loch.

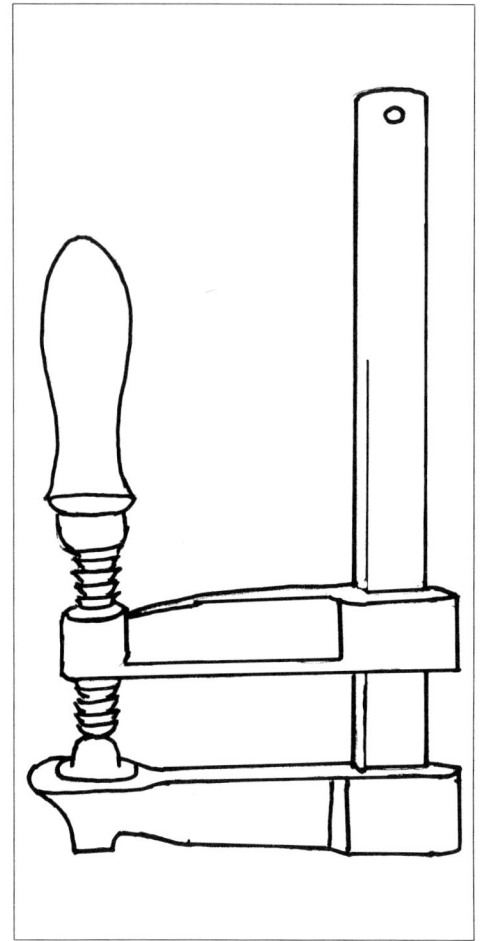

51 Schraubzwinge.

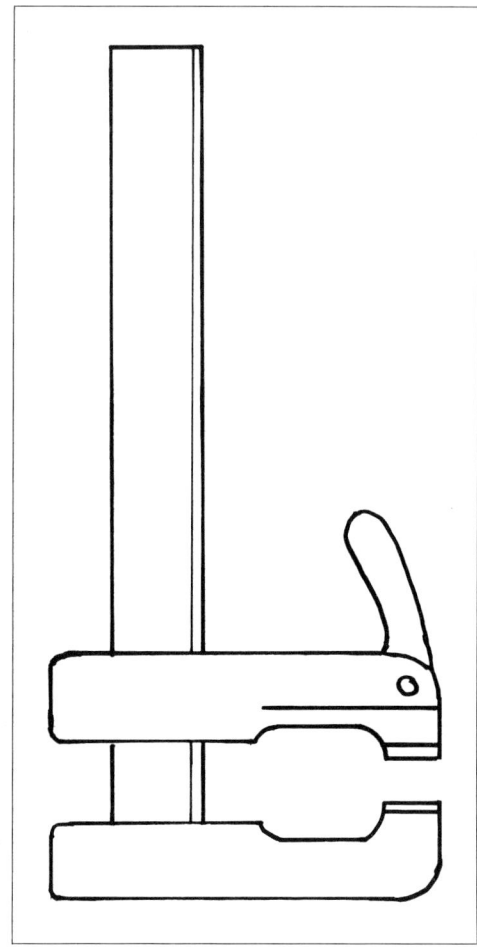

52 Hebel-Leimzwinge.

Die weiteren notwendigen Grund-
werkzeuge dürften selbst im kleinsten
Haushalt vorhanden sein. Gemeint ist
ein Hammer von etwa 300 Gramm,
die Kneif- oder Beißzange zum Nägel-
herausziehen, Schraubendreher mit
verschiedenen Klingenbreiten, eine
Kombizange oder eine Flachzange.

Maschinen. Ideal sind natürlich ar-
beitserleichternde Maschinen. Eine
elektrische Handkreissäge oder Stich-
säge als Einzelgerät oder als Vorsatz
für eine Bohrmaschine werden fast alle Heimwerker besitzen. Namhafte
Firmen haben für die verschiedensten
Zwecke Systeme mit vielfältigen Kom-
binationsmöglichkeiten entwickelt.

Alte, deckend lackierte Möbel erhalten neuen Glanz

Nachdem die Funktionsfähigkeit des alten Möbels überprüft und wiederhergestellt wurde, beginnt die Vorbereitung des Holzuntergrundes zum Anstrichträger. Jede Farbe oder jeder Lack hält grundsätzlich nur auf einem trockenen, festen, fettfreien Untergrund. Diese wichtigste anstrichtechnische Regel ist immer zu beachten, um einen haltbaren Anstrich vornehmen zu können.

Untergrund vorbereiten

Je nach dem Zustand des Altanstriches wählt man eines der nachstehend beschriebenen Verfahren.

Ist der alte Anstrich noch fest und so gut erhalten, daß er nur aufgefrischt werden soll, so kann gründliches Schleifen genügen. Schleifen bedeutet hier nicht, die alte Farbe entfernen, sondern die glatte Oberfläche anrauhen. In den meisten Fällen wird man von Hand schleifen und einen Schleifklotz verwenden. Federleichte Schleifklötze werden aus Naturkork mit abgerundeten Handkanten angeboten. Der Handschleifklotz aus Gummi liegt angenehm in der Hand und hat eine Nagelklemmung, mit der die 70 Milli-meter breiten Schleifpapierstreifen gehalten werden.

Sofern die maschinelle Ausrüstung es erlaubt, benutzt man den Schwingschleifer oder den Bandschleifer, jedoch nicht den Rundschleifer. Es stehen vorwiegend zwei Schleifmittelsorten zur Verfügung: Flint oder Korund. Flint ist das preiswerteste und meistgebrauchte Schleifpapier für die Holzbearbeitung. Als bestes Schleifpapier gilt das Korundpapier, weil der Papierträger mit hochwertigem Aluminium-Oxyd (Korund) bestreut ist. Die wichtigsten Körnungen von diesen Trockenschliffpapieren, die bei den Anstricharbeiten gebraucht werden, sind 80, 120 und 180. Es gibt sie in den Blattgrößen 230×280 mm und 93×230 mm. Für Schleifarbeiten an runden oder profilierten Teilen empfiehlt sich Drahtstahlwolle. Diese Rollen zu 200 Gramm sind in den Feinheitsgraden von 000 = sehr fein bis 5 = grob im Handel erhältlich.

Weil aber selbst bei sorgfältiger Pflege sich im Laufe der Jahre feine Schmutz- und Fett- oder Wachsschichten auf dem Möbelstück festgesetzt haben, ist es ratsam, diese Schichten durch Abwaschen zu entfernen. Man verwendet hierzu einen Anlauger, der auch als Ablauger oder

53 *Schwingschleifer oder Vibrationsschleifer, stufenlos einstellbar, mit Staubabsaugung.*

Anrauher bekannt ist. Dieses salzartige Reinigungsmittel wird in Wasser aufgelöst und mit dem Pinsel, dem Schwamm oder einer Bürste aufgetragen. Nach kurzem Einwirken spült man mit Wasser nach. Das wieder getrocknete Holz wird geschliffen, der Schleifstaub sorgfältig entfernt und mit dem Neuanstrich versehen.

Alte, mehrfach aufgetragene dicke Farbschichten, die zum Teil abplatzen, sind keine guten Anstrichträger. Sie müssen entweder durch Abbeizen oder Abbrennen restlos entfernt werden. Zum Abbeizen werden chemische Mittel in flüssiger oder cremiger Form angeboten, die die Farbe aufweichen. Es gibt zwei verschiedene Arten: das Abbeizmittel auf alkalischer Basis und das auf Lösungsmittelba-

54   Ein kleiner und leichter Bandschleifer, mit dem man bis in die Ecken schleifen kann – Staubabsaugung. Elektronisch regelbare Bandgeschwindigkeit.

sis. Sie unterscheiden sich insofern, als die alkalischen Abbeizer bestimmte Anstriche nicht ablösen und mit Wasser nachgewaschen werden müssen; Abbeizmittel auf Lösungsmittelbasis entfernen dagegen alle alten Anstricharten. Das Nachwaschen mit Wasser erübrigt sich, denn nach Verdunsten des Lösungsmittels kann sofort weitergearbeitet werden. Vor dem

Kauf ist es deshalb ratsam, die Gebrauchsanweisung zu lesen und zu beachten, besonders wenn es sich um das Bearbeiten furnierter Möbel oder Möbelteile handelt. Diese dürfen nicht mit wäßrigen Mitteln bearbeitet werden, da sich sonst die Furnierschichten lösen können.

Den Deckel der Dose zunächst nur leicht und vorsichtig anheben, da sich

Druck angesammelt haben kann. Mit einem alten Pinsel (keine Kunststoffborsten) oder einem Spachtel wird das Abbeizmittel auf der Fläche gleichmäßig dick verteilt. Beim Verarbeiten Schutzhandschuhe tragen und den Raum gut lüften, denn die Dämpfe sind gesundheitsschädlich. Auch hier wieder unbedingt die Hinweise beachten. Nach einiger Einwirkzeit löst der Abbeizer die alten Anstrichschichten an. Die Farbschicht kräuselt sich, wird weich und kann mit dem Spachtel abgeschoben werden. Diese Wirkung ist aber nur gegeben, solange der Abbeizer noch nicht getrocknet ist. Deshalb sollte das Mittel auf eine Fläche gegeben werden, die nur so groß ist, daß das Abschieben noch bewältigt werden kann. Das Ganze muß nun so oft wiederholt werden, bis das rohe Holz sichtbar wird. An schwierigen Stellen, beispielsweise Ecken und Profilen, lassen sich die Farbreste mit der Stahlbürste oder mit Stahlwolle entfernen. Für hartnäckige Farbreste verwendet man einen Schaber oder eine Ziehklinge.

Das verstärkte Umweltbewußtsein hat in den letzten Jahren zu einer erfreulichen Entwicklung geführt. Es kamen Abbeizmittel in den Handel, die sich auf natürliche Weise abbauen beziehungsweise durch die normale Müllverbrennung entsorgt werden können. Trotzdem sollten, wie bei jedem Chemieprodukt, die allgemeinen Vorsichtsmaßnahmen nicht außer Acht gelassen werden.

Eine zum Patent angemeldete Neuentwicklung, der Dufix-Abbeiz-Strip, kann innerhalb mehrerer Stunden bis zu zehn Anstrichschichten ablösen. Dieses hochwirksame Mittel ist im Handel als Pulver erhältlich. Es wird mit Wasser im Verhältnis 1:1 zu einem dicken Brei angerührt und mit einem Spachtel als etwa drei Millimeter starke Schicht auf die Fläche aufgetragen. Je nach Stärke und Beschaffenheit der alten Anstrichschichten reagiert der Abbeizer nach kurzer Zeit oder nach Stunden. Eine Braunfärbung zeigt den Zeitpunkt an. Nun kann mit dem Spachtel die Abbeizhaut samt aller Farbschichten abgezogen werden. Eventuell verbleibende Reste wäscht man mit klarem Wasser und einer Wurzelbürste ab. Anschließend wird das Holz mit Wasser abgewaschen und mit Essigwasser neutralisiert.

Zum Abbrennen der alte Farbschichten verwendet man Gasbrenner, wie sie zum Hartlöten eingesetzt werden, oder spezielle, mit Propangas betriebene Abbrenngeräte. Die austretende Gasflamme erweicht die Farbe, so daß sie mit dem Spachtel abgeschoben werden kann. Dieser Spachtel besitzt eine extra starke Klinge und, um vor Verbrennungen zu schützen, ein rund 20 Zentimeter langes Holzheft. Ein bewährter Helfer zum Farbentfernen durch Wärmeeinwirkung ist seit einigen Jahren das handliche Heißluftgebläse. Je nach Fabrikat kann es eine Temperatur bis zu 600 Grad Celsius entwickeln. Die herausblasende Heißluft weicht die Farbe auf, so daß sie sich wie beim Abbrennen mit dem Spachtel abnehmen läßt.

55 Sorgfältige Vorarbeiten und werkgerechter Anstrichaufbau machen ein altes Möbelstück wieder wertvoll.

Deckender Anstrich

Die Art der Untergrundvorbereitung wird einerseits vom Zustand des Möbelstückes bestimmt werden, andererseits aber auch vom zukünftigen Verwendungszweck entschieden. An einem alten Möbel, das beispielsweise nur für eine Übergangszeit benutzt und strapaziert werden soll, wird man nur die für die Haltbarkeit des Neuanstrichs unbedingt notwendige Vorarbeit leisten wollen. Außerdem soll auch der Aufwand für den Anstrich so gering wie möglich gehalten werden.

Einfache Lackierung

Die wasserverdünnbare, glänzende, reine Acryl-Lackfarbe bietet sich für diesen Zweck geradezu an, weil sie sich ohne großen Aufwand auch vom Anfänger verarbeiten läßt. Sie ist geruchsarm und ergiebig, läßt sich nicht nur problemlos verarbeiten, sondern trocknet auch sehr schnell. Mehr als zehn kräftige Farbtöne werden neben weiß angeboten. Sie lassen sich alle untereinander mischen, so daß jeder seinen individuellen Farbton finden kann. Dieses scheuerbeständige Anstrichmittel kann nach der relativ kurzen Trockenzeit von zwei bis drei Stunden wieder überstrichen werden.

Zunächst wird der Altanstrich auf Tragfähigkeit geprüft und der Lackfilm angeschliffen und entstaubt. Blätternde und reißende Farbschichten sind restlos zu entfernen. Nach dem Grundanstrich, der bis zu zehn Prozent verdünnt wird, folgt der Deckanstrich unverdünnt.

Die Verarbeitung soll mit einem Spezialpinsel für Acrylatfarben erfolgen. Dieser Pinsel ist mit besonderen Kunststoff- (Polyester-) Borsten besetzt und wird sofort nach Gebrauch mit Wasser gereinigt.

Ein zusätzlicher Vorteil dieser reinen Acryl-Lackfarbe ist ihre weitgehend unproblematische Verarbeitung auf alten Kunststoffuntergründen. Viele Möbel, die ab Ende der 50er Jahre hergestellt wurden, versah man mit einer Polyester- oder DD-Kunststoffbeschichtung. Auf dieser glatten und glasharten Schicht konnten die herkömmlichen Lacke nicht verankert werden, weil der sogenannte Weichmacher in diesem Kunststoff das Durchtrocknen behindert.

Altes Mobiliar »aufgemöbelt«

Im Verlauf der Jahre unansehnlich gewordene Möbelstücke sind zu schade, um sie dem Sperrmüll zuzuführen. Selten landen sie tatsächlich in der Müllverbrennung oder auf der Müllkippe. Gar mancher hat ein dem »Gerümpel« zugeordnetes Mobiliar für den eigenen Gebrauch als nützlich empfunden und mit Geschick und Farbe verwandelt. Häufig aus dem Wissen um die inneren Qualitäten älterer Möbel und aus Freude an handwerklicher Betätigung. Möglichkeiten bieten sich viele, so die Erneuerung der Kinderzimmereinrichtung oder das Herrichten eines Gästezimmers.

Unter den für eine farbige Oberflächengestaltung von Möbeln zur Verfügung stehenden Werkstoffen zeichnen sich Dispersionslacke durch eine Vielzahl guter Eigenschaften aus. Frei von Lösungsmitteln und Giftstoffen sind sie umweltfreundlich. Mit ihnen läßt sich ohne Gefahr auch in nächster Nähe von offenem Licht und Feu-

---

56 *a Zunächst alle Metallteile entfernen.*

b Die Masse zu einem dicken Brei anrühren und ...

c ... mit einem Spachtel etwa drei Millimeter auftragen ...,

d ...einwirken lassen.

e Abbeizhaut samt Farbschichten mit dem Spachtel abziehen und ...

f ... mit klarem Wasser nachwaschen.

a

b

c

d

e

f

57 Heißluftgebläse mit stufenloser, elektronischer Temperaturregelung.

er arbeiten, und Kinder können mit dem Anstrichmittel wie mit den hiermit behandelten Gegenständen unbedenklich in Berührung kommen. Das Bindemittel selbst ist hochwertiges Acrylharz in wäßriger Lösung, das dem Dispersionslack hervorragende Haftungseigenschaften auf allen sauberen Untergründen vermittelt.

So können farblich kontrastierende Dispersionslacke naß in naß gegeneinander gestrichen werden, ohne daß sie ineinanderlaufen. Hinzu kommt eine schnelle Trocknungszeit, die praktisch ohne Unterbrechung einen zwei- bis dreimaligen Auftrag hintereinander ermöglicht. Danach ist der angestrichene Gegenstand schon nach wenigen Stunden wieder benutzungsfähig. Selbst bei dickem Auftrag besteht keine Gefahr der Laufbildung, Runzelung oder Rißbildung. Nicht unerheblich für die Nutzungsdauer der Werkzeuge ist auch die Tatsache, daß sie mit Wasser leicht und problemlos zu reinigen sind.

Wie bei allen Anstricharbeiten an Möbeln muß auch bei der Verwendung eines Dispersionslackes der Untergrund hierfür vorbereitet werden. Die beste Methode ist es, die alte Farbe abzubeizen. Anschließend wird die Fläche mit einem Schleifklotz geschliffen, abgestaubt und weiß grundiert. Sofern Verletzungen der Oberfläche (Dellen, Risse etc.) oder durch die Holzstruktur bedingte Unebenheiten vorliegen, wird die Oberfläche mit Lackspachtel gespachtelt und nach dem Trocknen geschliffen. Dann kann direkt der Auftrag des Dispersionslakkes mit einem Flachpinsel oder der Spritzpistole erfolgen. Bei Verwendung eines Farbrollers oder der Schaumstoffwalze wird eine leicht körnige Oberflächenstruktur erreicht.

Eine einfache Lackierung mit dem bekannten und bewährten Emaillelack ist vielen Heimwerkern vertraut, wenn der gut erhaltene Altanstrich schmutzig und unansehnlich geworden ist. Hier ist es dann notwendig, die aufgebrachten wachs- oder silikonhaltigen Pflegemittel zu entfernen, den alten Untergrund also zu reinigen. Dieses Reinigen erfolgt mit dem im Handel angebotenen, salzartigen Anlaugoder Anrauhmittel, das in Wasser aufgelöst und mit einem alten Pinsel, der

Bürste oder dem Schwamm auf die Fläche gegeben wird. Dabei erkennt man sofort die Wirksamkeit dieses Mittels am Hellerwerden des Untergrundes. Nach kurzem Einwirken wird mit Wasser abgespült. Die ohne Wärmeeinfluß getrockneten Flächen werden mit Schleifpapier der Körnung 120 oder 180 geschliffen, entstaubt und lackiert. Zum Lackieren verwendet man einen sauberen Flach-Lackierpinsel, der mit Chinaborste bestückt ist. Es empfiehlt sich, zumindest für diese Schlußlackierung Pinsel von bester Qualität zu verwenden, weil mit ihnen eine einwandfreie Lackierung leichter zu erreichen ist als mit den sogenannten Haushaltspinseln.

Lackierung von bester Qualität

Bei einem Möbelstück mit beschädigtem Altanstrich mit einigen abgestoßenen oder abgeplatzen Stellen und einem unansehnlichen Gesamtzustand ist restloses Entfernen, also Abbeizen, nicht unbedingt erforderlich. Ist, von den erwähnten Stellen abgesehen, die alte Farbschicht noch fest und tragfähig, so kann sie als Untergrund genutzt werden. Zunächst wird die gesamte Fläche entfettet und angerauht. Alle schlecht haftenden und lose sitzenden Farbteile werden abgestoßen und die Fläche sodann geschliffen.

Die sich zeigenden rohen Holzstellen werden grundiert. Um sofort weiter arbeiten zu können verwendet man da-

58 Zunächst werden die alten Farbschichten mit einem Abbeizer entfernt. Nach dem satten Auftrag dieser Masse weicht der alte Anstrich nach kurzer Zeit so auf, daß er sich mit einem Spachtel
leicht abschieben läßt.

59 Stoßstellen in der Altlackierung des Metallrahmens am Bettgestell werden beigeschliffen.

60 Nach dem Schleifen folgt der erste Anstrich mit Vorstrichfarbe.

61 Unebenheiten in der Oberfläche werden mit einer Spachtelmasse ausgeglichen und nach dem Auftrocknen leicht geschliffen.

62 Der ein- oder zweimalige Schlußanstrich kann mit farbigem Dispersionslack ohne Unterbrechung durchgeführt werden.

63 Alte, abgenutzte Möbelstücke, die für das Kinderzimmer wieder hergerichtet werden sollen.

64 *Wenige Stunden danach leuchtet die Einrichtung in neuen Farben und kann benutzt werden.*

zu einen schnelltrocknenden Holzgrund oder Schnellschliffgrund. Alle Unebenheiten und sonstige schadhafte Stellen werden mit einer Spachtelmasse, die als Schnellspachtel, Lackspachtelmasse, Universalspachtel oder ähnlich auf dem Markt ist, so gefüllt, daß sie mit der übrigen Fläche eben sind. Nach sorgfältigem Schleifen und Entfernen des Schleifstaubes sowie eventuellem Nachspachteln trägt man den Vorlack auf.

Mindestens zwölf Stunden sollte der Vorlack zum Durchtrocknen Zeit haben. Mit feinem Schleifpapier, mindestens Körnung 180, werden die Flächen geschliffen. Dabei ist zu beachten, daß das Schleifpapier nur in eine Richtung geführt wird, niemals gegen den Strich des Vorlackes. Auch wenn naß geschliffen wird, ist dieser Hinweis zu berücksichtigen. Genauso gewissenhaft muß der Schleifstaub entfernt werden. Ein im Fachhandel erhältliches Staub-Saugtuch, das zweifach imprägniert ist, bindet die feinsten Staubteilchen und nimmt sie von der Fläche. Mit gut gereinigten Pinseln, die nur zum Lackieren verwendet werden sollten, trägt man den Lack auf. Möbelteile, die liegend lakkiert werden können, wie zum Beispiel Türen, bearbeitet man zuletzt.

Schon beim Auftragen des Vorlackes muß man auf das richtige Verteilen des Anstrichmittels besonders achten. Denn das Ziel, eine glatte und möglichst pinselstrichfreie, füllige und dekkende Fläche zu erhalten, kann nur erreicht werden, wenn die Farbe satt aufgetragen wird. Doch die Furcht,

daß die aufgetragene Farbe läuft, also »Läufer« oder »Tränen« sich bilden, die sich nicht leicht beseitigen lassen, verführt schnell zum »Scheuern«. Dadurch entsteht eine ungleichmäßig dünne Schicht mit deutlich sichtbaren Pinselstrichen. Wie man es macht, läßt sich zwar leicht sagen, doch nur der praktische Versuch, das Üben bringt brauchbare Resultate. Die Pinselborsten werden zum Farbaufnehmen etwa bis zweidrittel eingetaucht. Beim Herausheben schlägt man den vollen Pinsel leicht an die Dosenwand, die Farbe dabei nicht abstreifend, setzt ihn schnell und zart auf die Fläche und zieht leicht drehend einen kurzen senkrechten Strich. Durch das zarte Aufsetzen und leichte Drehen wird das Abtropfen der Farbe verhindert. Der satte Farbstrich wird mit schnellen Zickzack-Bewegungen dicht an dicht quer verteilt. Ebenso rasch muß nun der Pinsel wieder senkrecht durchgezogen werden. Diese kleine Teilfläche muß nun gleichmäßig dick mit dem Anstrichmittel bedeckt sein. Auf diese Weise wird die Farbe auf der ganzen Fläche flott verteilt, dabei nicht zu weit in die schon aufgetragene Farbe gehen, weil der Vorlack wie auch der Lack schnell »anziehen«, wie der Fachmann sagt. Es bilden sich dann sichtbare Wülste in der Farbschicht, die unschön wirken.

Um eine nahezu staubfreie Lackierung zu erreichen, sollte man die Waschküche, die Garage ist wegen der großen Tür weniger geeignet, zum Lackierraum machen. Hier läßt sich

65   Dieser alte Bistro-Tisch vom Sperrmüll ist ein Schmuckstück auf jeder Terrasse.

der Boden naß machen, um auf diese einfache Weise den Staub zu binden. Ruhig und überlegt geht man zu Werke, denn jede heftige Bewegung wirbelt auch den im Arbeitsanzug befindlichen Staub auf. Der Fachmann arbeitet deshalb am liebsten mit bloßem Oberkörper. Diese scheinbar unnötige Mühe lohnt sich. Man erhält eine erstklassige Lackierung, die sogar neben der eines Fachmannes bestehen kann.

Aufbau einer kompletten Neulackierung

Ein zerstörter Altanstrich, der nicht mehr tragfähig ist, zeigt entweder viele abgeplatzte Stellen und mehrfach aufgetragene Anstrichschichten oder besitzt eine zu dünne und magere Farbschicht. Beim Reiben mit der bloßen Hand können sich Teile der alten Farbe lösen und an den Fingern hängenbleiben. Der Fachmann nennt diesen Vorgang »Kreiden«. Häufig ist es möglich, diesen »kreidenden« alten Anstrich durch Schleifen bis auf das rohe Holz restlos zu entfernen. Ist das nicht möglich, so muß eine Art der verschiedenen Abbeiztechniken gewählt werden. Nach dem Abbeizen werden die Holzflächen geschliffen und eventuelle Fugen, an den Leisten beispielsweise, oder Löcher und große Vertiefungen mit einer Holzfüllmasse geschlossen.

Die so vorbereiteten rohen Holzflächen erhalten nun eine Grundierung. Schon jetzt sollte man sich für die Produkte eines Herstellers entscheiden. Denn vom richtigen Anstrichaufbau mit aufeinander abgestimmten Anstrichmitteln hängen Haltbarkeit und Qualität des neuen Anstrichs ab. Neben der altbekannten weißpigmentierten Grundfarbe gibt es den farblosen Holzschutzgrund, auch Imprägniergrund genannt, und den farblosen Schnellgrund. Bei der Grundierfarbe und recht häufig bei dem Holzschutzgrund ist die Bindemittelbasis das Alkydharz, beim Schnellgrund sind es synthetische Harze. Fast alle angebotenen Grundierfarben haben eine Trockenzeit von durchschnittlich zehn Stunden, der Holzschutzgrund meist eine Stunde, und der Schnellgrund trocknet sofort. Beim Holzschutzgrund ist zu beachten, daß die fungiziden Wirkstoffe giftig sind. Es empfiehlt sich, bei der Verarbeitung Schutzhandschuhe zu tragen und für gute Entlüftung des Arbeitsraumes zu sorgen. Zu beachten ist ferner, daß die Verdünnungsmittel und somit die Mittel zur Reinigung der Werkzeuge unterschiedlich sind.

Mit Schleifpapier der Körnung 80 wird die grundierte Fläche geglättet. Beim Schleifen sollen nur die feinen Holzfäserchen und Staubkörnchen, die sich beim Grundieren aufgerichtet haben, abgetragen werden. Auf die glattgeschliffene und abgestaubte Fläche wird mit dem elastischen Japanspachtel die pastöse Spachtelmasse aufgetragen. Um dabei alle Unebenheiten und Vertiefungen in der Fläche zu füllen und um eine glatte, ebene Fläche zu erhalten, setzt man den Japanspachtel mit der daraufliegenden Spachtelmasse in einem spitzen Winkel auf das Holz. Nach kurzer Zeit rutscht die Spachtelmasse auf dem Holzgrund und wird mit dem Spachtel über die Fläche gezogen. Streifen wird neben Streifen gesetzt, so daß nach und nach die ganze Fläche überzogen ist. Zum Schluß gleitet man mit der breitesten Spachtelklinge, ohne Spachtelmasse, über die Fläche und zerdrückt und glättet die eventuell entstandenen Grate. Nach wenigen Stunden, im Durchschnitt maximal

66   Ein alter Thonet-Stuhl auf dem Dachboden wurde durch Spraylackieren wieder wie neu.

fünf Stunden, ist diese Schicht durchgetrocknet. Je nach dem Anspruch,
den man an das ebene Aussehen
stellt, kann die Spachtelung mehrmals
wiederholt werden. Sollte beim ersten
Versuch nicht alles gelingen, so lassen sich die Mängel durch Schleifen
und Nachspachteln schnell beheben.
Mit Schleifpapier der Körnung 120
oder 180 wird die Fläche vorsichtig
geschliffen. Das Schleifen soll mehr
ein Glätten sein, wobei besonders

hartgewordene Spachtelmasse in den Ecken und an den Kanten entfernt wird. Wenn sauber gespachtelt wurde, dann wird die an sich glatte Fläche nur leicht geschliffen, damit keine Schleifriefen entstehen. Nachdem der Schleifstaub entfernt ist, wird der Vorlack aufgetragen. Es muß besonders darauf hingewiesen werden, daß der Vorlack nur für die hochwertige Lakkierung auf Holzwerk innen zu verwenden ist. Es handelt sich, wie der Name es schon ausdrückt, um ein Anstrichmittel vor dem Lack, also vor der Lackierung. Zwar werden Farben mit der Bezeichnung Vorstreichfarbe und dem Hinweis, daß sie für die Vorlakkierung geeignet sind, angeboten, doch sollten diese für den hier beschriebenen Zweck nicht verwendet werden. Diese Vorstreichfarbe dient mehr bei Außenanstrichen als Zwischenanstrich vor dem Schlußanstrich.

Ähnlich verhält es sich bei den im Handel befindlichen Lacken. Auch hier sollten der vorgesehene Verwendungszweck berücksichtigt und die Angaben auf der Dose über den Einsatzbereich beachtet werden. Man unterscheidet auch hier zwischen dem Weiß- oder Buntlack nur für innen und denen, die für innen und außen geeignet sind. Das zunächst deutliche Kriterium der zuletzt genannten Lacke ist die doppelt so lange Zeit zur Durchtrocknung, 48 Stunden statt 24 Stunden. Entsprechend gleich verhält sie sich auch mit der Zeit bis zur Staubtrockenheit. Allein dieser wichtige Umstand wird jeden, der an

einer möglichst staubfreien Lackierung interessiert ist, besonders interessieren.

Anstelle einer hochglänzenden Lakkierung wird aus verschiedenen Gründen eine seidenmatte Fläche gewünscht, die man oft fälschlicherweise als Schleiflack-Lackierung bezeichnet. Bei der echten Schleiflack-Lackierung wird ein hochglänzender Lack aufgetragen. Nach der normalen Durchtrocknungszeit von 24 Stunden gibt man dem Lack noch mindestens die dreifache Zeit zum Durchhärten. Erst dann wird der Hochglanz mattgeschliffen. Das kann mit feinem Naßschliffpapier ausgeführt werden, wobei stets die gleiche Schleifrichtung einzuhalten ist. Früher verwendete man hierfür einen Brei, der aus feinstem Bimssteinmehl und Wasser bestand. Durch Abdecken mit Folien oder Schablonen und Ändern der Schleifrichtung fertigte man bestimmte Motive, die durch den Lichteinfall zur Geltung kamen. Diese Technik beherrschen nur noch sehr wenige Fachleute. Sie ist selten gefragt und fast unbezahlbar, weil überaus zeitintensiv. Aber warum kann ein Heimwerker sich hier nicht besonders engagieren?

Ein anderer und leichterer Weg ist das Verarbeiten von einem Seidenglanzlack, der genauso verarbeitet wird wie der glänzende Lack. Hier kann man nach dem Durchhärten durch leichtes Naßschleifen eine besonders glatte, dem echten Schleiflack ähnliche Oberfläche schaffen. Unter Umständen wird es für diesen Zweck notwendig sein, zweimal zu lackieren, um eine extra füllige, griffige Lackschicht zu erhalten.

Problemloser scheint dagegen eine dekorative, mehrfarbige Lackierung zu sein. Zumeist werden nur die aufgesetzten Leisten farblich hervorgehoben. Steigern läßt sich diese gestalterische Aufgabe, wenn die vertieft angebrachten, ausgefrästen Teile und Möbelkorpus zusätzlich in die farbliche Gestaltung eingebracht wird. Es zeigt sich, daß das farbliche Empfinden des einzelnen über das Aussehen des Möbelstückes entscheidet. Die Jüngeren werden sicherlich stark kontrastierende Farben verwenden, die Älteren dagegen eher eine harmonische Farbkomposition.

Kunststoffbeschichtete Untergründe

Vor etwa 35 Jahren begann die Möbelindustrie Einzelmöbel, besonders aber Schrankwände mit kunststoffbeschichteten Oberflächen herzustellen. Es galt damals als das Nonplus-Ultra, weil die pflegeleichten Flächen der Hausfrau die Arbeit vereinfachen. Im Laufe der Zeit führte der tägliche Gebrauch zu Abnutzungen, denn Kratzer und matte Stellen ließen die Flächen unansehnlich werden, sie waren nicht mehr problemlos zu pflegen. Auch das Farbgefühl hatte sich so gewandelt, daß man heute gerne die Farbtöne der übrigen Umgebung anpassen möchte. Aber ein Renovierungsan-

strich, wie beispielsweise auf einem Holzuntergrund, war nicht möglich, weil der Kunststoff aus verschiedenen Gründen sich nicht als Anstrichträger eignete. Mit lösungsmittelhaltigen Kunstharzlacken konnten vereinzelt Erfolge erreicht werden, wenn das Lösungsmittel die Kunststoff-Oberfläche leicht anzulösen vermochte und somit kunststoffverträglich war. Die Ergebnisse waren nur selten befriedigend.

Junge Leute verfügen meist nicht über solche Einkünfte, daß sie sich nach dem Auszug aus der elterlichen Wohnung ihr neues Zuhause mit neu erstandenen Möbelstücken ausstatten können. In vielen Fällen auch gar nicht beabsichtigt, weil das Zimmer beziehungsweise Appartement nur für die Zeit der Ausbildung genutzt wird. Daß man trotz des schmalen Geldbeutels nicht auf eine schicke und zweckmäßige Raumausstattung verzichten muß, wissen jene mit handwerklichem Geschick, die sich im Verwandten- und Bekanntenkreis nach Einrichtungsgegenständen bereits umgesehen, sie zusammengetragen und ihre Wohnräume mit ihnen ausgestattet und ein harmonisches und optisch ansprechendes Bild erreicht haben.

Bei hölzernen und metallenen Oberflächen läßt sich mit hochwertigen Anstrichmitteln eine neue Farbgebung problemlos bewerkstelligen, bei kunststoffbeschichteten Oberflächen hatte man bisher erhebliche Schwierigkeiten. Da in den letzten zwei Jahrzehnten jedoch immer mehr Möbelstücke in den Handel kamen, deren »Furnier« aus aufkaschierter, in den verschiede-

67

68

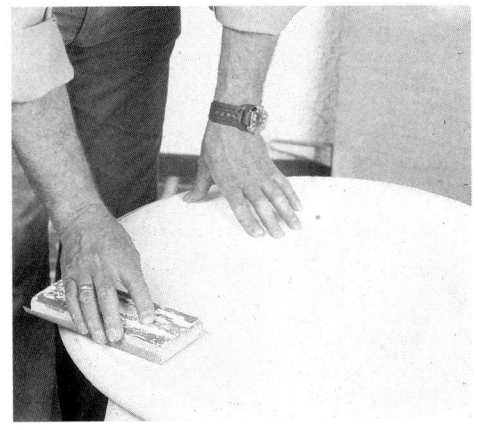

69

70

71

67 Da die alten Farbschichten keinen festen haftfähigen Untergrund bilden, werden sie mit einem Abbeizer restlos entfernt.

68 Nach dem Schleifen der abgebeizten Fläche wird die Grundierung aufgetragen. Schleifen und Auftragen der Spachtelmasse glättet die Fläche.

69 Auch nach dem Auftragen der glättenden Spachtelmasse muß die Fläche sorgfältig geschliffen werden.

70 Der Vorlackierung folgt ...

71 ... die Schlußlackierung.

72 Ausrangiertes Mobiliar, das man fortwerfen wollte, ziert jetzt die Einrichtung eines Gästezimmers.

73 + 74   Manches alte Möbelstück läßt sich mit Farbe auffrischen und verschönern, so daß es seinem Zweck wieder dienen kann. Wenn die alte Farbschicht noch fest ist, so genügt ein Anlaugen, um die Fläche zu reinigen. Rissige, blätternde Anstriche müssen vollständig entfernt werden. Das rohe Holz wird in Holzmaserrichtung geschliffen und grundiert.

75 + 76   Nach dem Trocknen und dem notwendigen Zwischenschliff werden zunächst die gröbsten Vertiefungen gefüllt. Danach wird die ganze Fläche mit einer Spachtelmasse geglättet.

66

77 und 78   Nachdem die gespachtelte Fläche durchgehärtet ist, muß sorgfältig geschliffen und ab-
gestaubt werden. Sodann erfolgt der zweimalige Schlußanstrich mit einem Seidenmattlack.

nen Holzstrukturen und -tönen bedruck-
ter Kunststoffolie besteht, war wegen
ungenügender Haftung zum Untergrund ein Erneuerungsanstrich der
Oberfläche unmöglich.

Die Farben- und Lackindustrie hat
deshalb Haftvermittler entwickelt, die
die Haftfähigkeit bei den verschiedenen Kunststoffarten erhöhen. Der
Fachhandel bietet spezielle Grundie-

rungen an, deren Bindemittelbasis ein
Kunstharz-Mischpolymerisat, Alkydharz oder Polyurethan (PUR) als
Zwei-Komponenten-Primer ist. Sie
sind im allgemeinen ausreichend elastisch und leicht verarbeitbar, und sie
verhindern bei einigen Kunststoffarten
die Weichmacherwanderung vom
Kunststoff in den Deckanstrich. Wie
bei allen anderen Anstrichen ent-

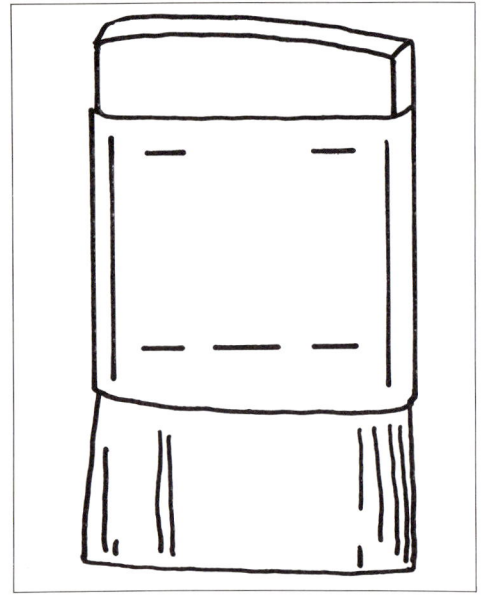

79 und 80   Der Einsatzbereich des Möbelstückes bestimmt die Farbgebung.

scheidet die sorgfältige Vorbehandlung der Kunststofffläche und die richtige Anwendung des Haftvermittlers über die Haltbarkeit und Lebensdauer des neuen Anstriches.

Grundsätzlich sind alle Oberflächen mit feinem Schleifpapier, feiner Stahlwolle oder mit einem Schleifvlies rauh und griffig zu machen. Dabei kann der Kunststoff sich elektrostatisch aufladen und staubanziehend wirken. Diese Aufladung wird durch gründliches Abwaschen mit Pril oder ähnli

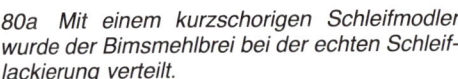

80a Mit einem kurzschorigen Schleifmodler wurde der Bimsmehlbrei bei der echten Schleiflackierung verteilt.

68

chen Mitteln beseitigt, dem anschließend eine Säuberung mit Spiritus oder Nitroverdünnung folgt, damit die Oberfläche staub- und fettfrei ist. Auf diesen sauberen und aufgerauhten Untergrund wird nun der haftvermittelnde Grundanstrich aufgetragen. Sodann kann der weitere Anstrichaufbau mit den Produkten des gleichen Herstellers nach dessen Hinweisen, auch hinsichtlich der besonderen Gefahren und Sicherheitsratschlägen auf der Dose beziehungsweise nach denen des technischen Merkblattes, erfolgen. Es empfiehlt sich wegen der Vielzahl der unterschiedlichsten Kunststoffe, zuerst einen Probeanstrich vorzunehmen.

81 Gründliches Reinigen mit Wasser, dem Pril oder ein ähnliches Mittel zugegeben wird, verhindert, daß sich der Kunststoff ...

82 ... beim Schleifen elektrostatisch auflädt und somit staubanziehend wirkt.

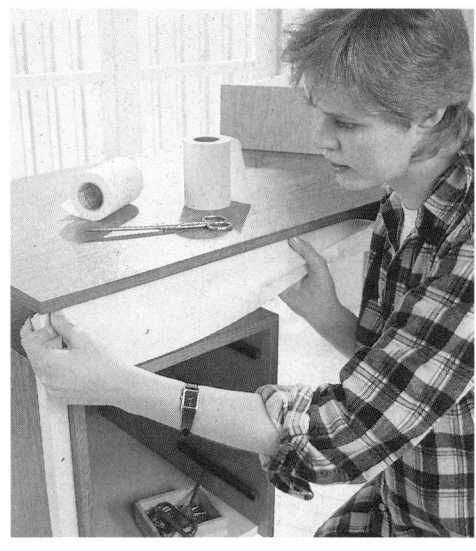

83 Eisenteile, die nicht gestrichen werden sollen, deckt man mit Klebeband ab.

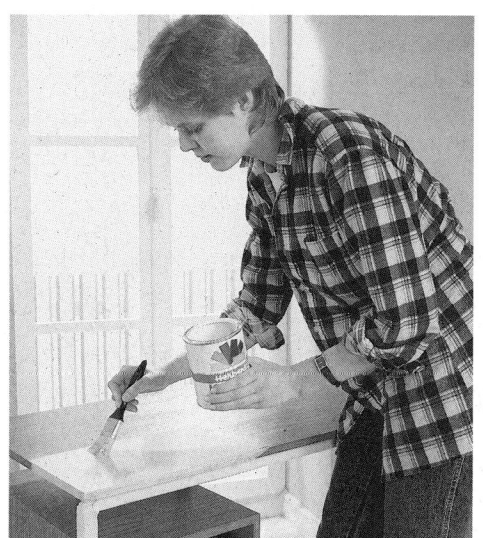 

84 + 85   Nach der Säuberung mit Spiritus oder Nitroverdünnung sind die Flächen staub- und fettfrei und leicht aufgerauht. Es wird nun der haftvermittelnde Anstrich mit dem Pinsel oder der Farbwalze aufgetragen.

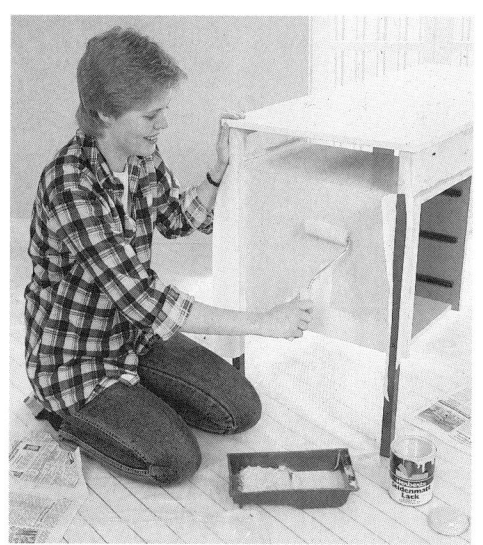 

86 + 87   Auf diesem Grund kann der weitere Anstrichaufbau mit einem hochwertigen Kunstharzlack, den es in vielen Farbtönen gibt, entweder mit der Farbwalze oder dem Pinsel erfolgen.

88 *Diese gebrauchten, mit Kunststoff beschichteten Möbelstücke sollen mit einem Anstrich versehen werden.*

89 Die vorhandenen, jedoch neu lackierten Zweckmöbel geben dem Raum ein optisch ansprechendes, harmonisches Bild.

Übersicht verschiedener Arbeitsverfahren mit werkgerechtem Anstrichaufbau bei einer deckenden Lackierung an alten Möbeln

Gut erhaltener Altanstrich:

○ reinigen, entfetten, anrauhen
○ schleifen, abstauben, lackieren

Beschädigter Altanstrich:

○ reinigen, entfetten, anrauhen
○ schlecht haftende Teile entfernen, schleifen, abstauben
○ rohe Holzstellen grundieren
○ Schadstellen beispachteln, schleifen, abstauben
○ vorlackieren
○ schleifen, abstauben, lackieren

Zerstörter Altanstrich:

○ gesamten alten Anstrich abbeizen, nachwaschen, austrocknen lassen, schleifen oder abbrennen, schleifen
○ abstauben, grundieren
○ schleifen, abstauben, Risse und Löcher auskitten
○ ganzflächig mit Spachtelmasse überziehen, eventuell wiederholen
○ schleifen, abstauben, vorlackieren
○ schleifen, abstauben, lackieren

Anstrichaufbau bei Acrylfarben:

○ schleifen, abstauben
○ Grundanstrich bis zu zehn Prozent verdünnt mit Kunststoffborstenpinsel

○ ein bis zwei Deckanstriche unverdünnt

Erstanstrich auf ungestrichenem Kunststoff:

○ mit feinem Schleifpapier, feiner Stahlwolle oder Schleifvlies anrauhen
○ abwaschen mit Pril-Wasser oder das ein ähnliches Mittel enthält
○ mit Spiritus säubern
○ Haftvermittler (Primer) auftragen
○ Deck- (beziehungsweise Schluß-) anstriche

Notwendige Werkzeuge je nach Arbeitsverfahren

Zur Untergrundvorbereitung:

○ Abbeizpinsel
○ Dreikantschaber oder Ziehklingenschaber
○ Stahlspachtel, Abbrennspachtel
○ Abbrenngerät
○ Bürste oder Schwamm
○ Schutzhandschuhe
○ Schleifpapier, Schleifklotz, Schleifmaschine, Stahlwolle oder Schleifvlies

74

○ Japanspachtel
○ Abstaubbesen oder Staubsaug-
tuch
○ Abdeckpapier oder Folie, Klebeband

Zum Farbe auftragen:

○ Farbsieb (ersatzweise
Perlonstrumpf), Rührstab

○ Ringpinsel mit Chinaborste oder
Oval-Ringpinsel mit Chinaborste
oder Flach-Lackierpinsel mit
Chinaborste
○ Plattpinsel
○ Flach-Lackierpinsel mit Polyester-
borste für Acrylfarben
○ eventuell Lackierrolle (Mohair,
Moltoprene oder Velour) mit Farb-
wanne oder elektrische Farb-
spritzpistole

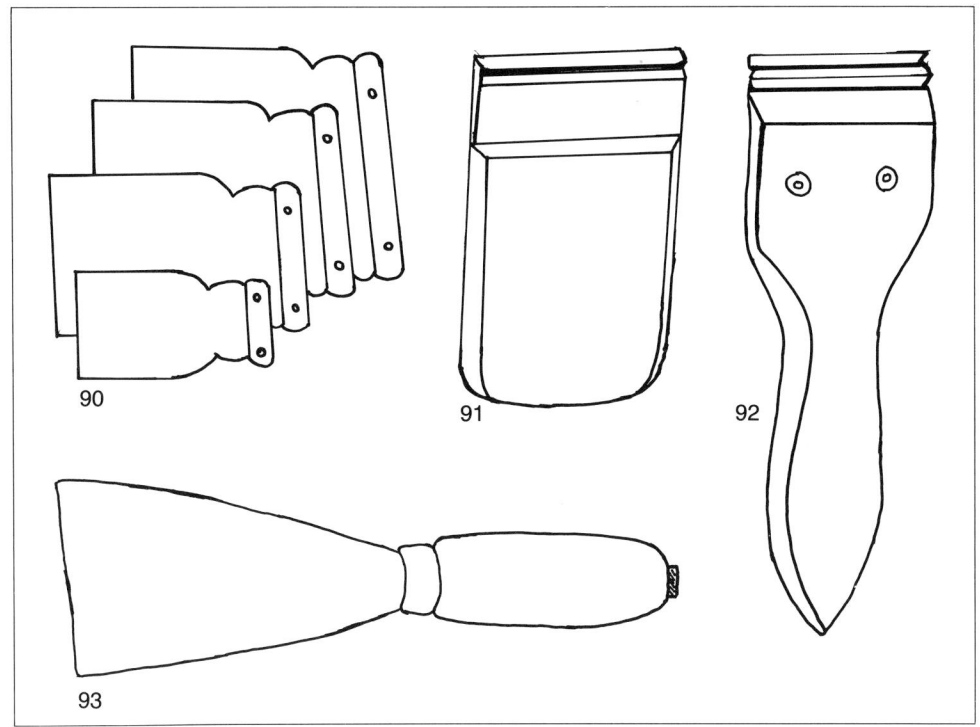

90 Ein Satz Japanspachtel in verschiedenen Größen zum Auftragen der Spachtelmasse und
Glätten des Untergrundes.

91 und 92 Zwei verschiedene Ziehklingenschaber zum Abziehen alter Anstrichschichten.

93 Stahlspachtel, auch Stoßspachtel oder Malerspachtel genannt.

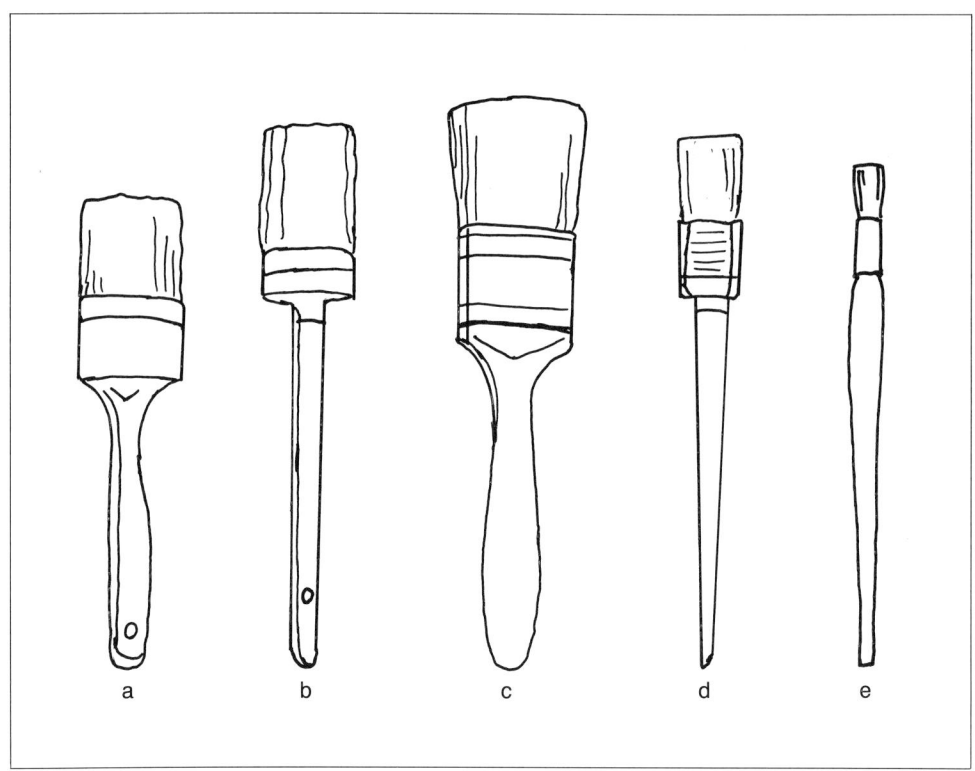

94   a Lackierpinsel, flach oval, b Oval-Ringpinsel, c Flach-Lackierpinsel, d Ringpinsel, auch Flächenstreicher genannt, e Plattpinsel.

Naturbehandelte Möbel auffrischen

Die lebendige, natürliche Maserung des Holzes bestimmt im wesentlichen die Schönheit eines Möbels. Je nach Verwendungszweck und den finanziellen Möglichkeiten des Auftraggebers wird das Möbelstück entworfen und sodann das Holz ausgewählt. Wertvolle, kostbare und seltene ausländische Hölzer werden ebenso verarbeitet wie einheimische. Ihr Einsatz ist aber leider dem jeweiligen Zeitgeschmack unterworfen, das heißt von Trends abhängig. Ein klar gegliederter Schrank aus Eiche oder Kiefer kann beispielsweise durch seine Form und durch die überlegte Auswahl und Zusammenstellung der Holzmaserung schöner wirken als einer mit vielen Verzierungen aus Edelholz. Durch eine werkgerechte und gewissenhaft ausgeführte Oberflächenbehandlung läßt sich der äußere Eindruck noch steigern.

Viele erprobte Mittel für die Oberflächenbehandlung bietet der Fachhandel dem Heimwerker an und ermöglicht ihm damit, eigene Ideen werkgerecht zu verwirklichen. Die notwendige Vorbereitung des Untergrundes erfordert etwas Umsicht und einige Handfertigkeiten, die geübt werden sollten.

Allgemeine Vorarbeiten

Die alten Farbschichten entfernt man durch Abschleifen oder Abbeizen. Beide Techniken haben jedoch ihre Tücken. Besonders bei furnierten Flächen kann das verwendete Abbeizmittel auf alkalischer Basis, weil es mit Wasser nachgewaschen werden muß, die Verleimung des Furniers stellenweise anlösen. Beim Abschleifen können trotz aller Sorgfalt die Kanten oder die Furnierflächen durchgeschliffen werden. Auch das Abziehen mit der Ziehklinge sollte vorher geübt werden, um Beschädigungen am Furnier zu vermeiden. Deshalb ist dem Anfänger zu empfehlen, diese Arbeiten zunächst probeweise an einer Kommode aus Vollholz auszuführen, um die nötige Fertigkeit zu entwickeln. Vor Beginn dieser Arbeiten untersucht man das alte Möbelstück auf mögliche Schadstellen. Ist eine furnierte Fläche stark beschädigt, so kann das Entfernen des alten Furniers und das Aufleimen eines neuen, passend ausgewählten Furnierstückes vorteilhafter sein als ein meist mühevolles Ausbessern. Sollte die Suche nach einem, in der Holzart gleichem und in der Maserung ähnlichem Stück vergeblich sein,

95 a Reparatur-Set zur Ergänzung von Fehlstellen.

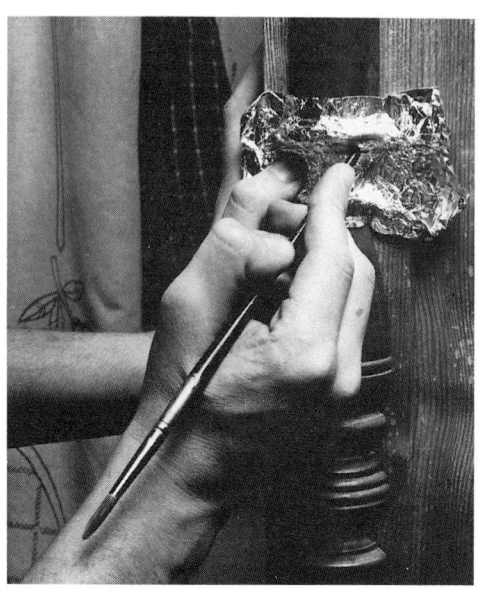

95 b Mit Haushalt-Alufolie wird vom Gegenstück ein Abdruck geformt.

95 c Die angerührte Holzfüllmasse in die ein-
gefettete Aluminiumform geben.

95 d Nach dem Trocknen wird der Abguß paß-
gerecht zugeschliffen und in die Fehlstelle eingeleimt.

95 e   *Mit Lack oder Lasur wird das ergänzte Stück dem Möbelteil angepaßt.*

muß mit viel Geduld und Fingerspitzengefühl ausgebessert werden. Kleine Risse oder ausgebrochene Teilchen, die nicht neu verleimt werden können, bessert man mit einem farblich passenden Holzkitt aus. Beulen lassen sich mit einem aufgesetzten warmen Bügeleisen wieder andrükken.

Bei anderen Holzschäden verhinderten die Möglichkeiten des Heimwerkers häufig eine Reparatur. Bei aufgesetzten Zierleisten zerbricht oder löst sich leicht ein Teilstück. Ein Ersatz ist schwer zu beschaffen. Seit wenigen Jahren ist eine Holzfüllmasse in einem Reparaturset auf dem Markt, daß hier problemlos hilft. Von dem intakten Gegenstück der defekten Stelle wird mittels Alufolie eine Negativform hergestellt. Dann wird die Holzfüllmasse in einem mitgelieferten Mischbecher mit dem Härter angerührt und vorsichtig in die Form aus Alufolie gefüllt. Nach etwa einer halben Stunde ist das Formstück durchgehärtet und kann durch Schleifen in die endgültige Form gebracht werden. Dann wird es in die Schadstelle eingepaßt und verleimt.

Beim gründlichen Untersuchen des alten Möbelstückes muß darauf geachtet werden, ob nicht schon ein anderer Besitz ergriffen hat. Auch er, der Holzwurm, hat einen besonderen Sinn für kostbare Möbel. Man erkennt den Holz-

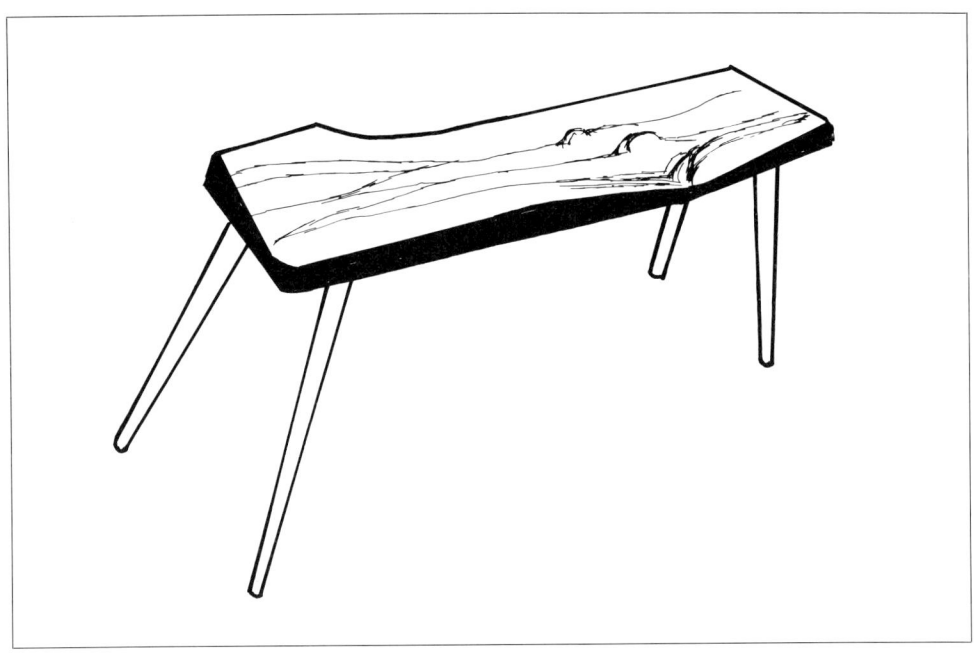

96 Diese etwas eigenwillige Tischplatte, zumeist aus Teakholz, wurde in ihrer gewachsenen Form belassen und war in der Nachkriegszeit sehr modern.

wurmbefall an den vielen kleinenBohr-
löchern, aus denen das typische feine
Holzmehl herausrieselt. Im Handel
sind verschiedene, recht wirksame
Bekämpfungsmittel erhältlich. Vor der
Behandlung sollte an einer unauffälligen Stelle geprüft werden, ob sich das
Holz nicht durch Fleckenbildung ver-
ändert. Mit einer Injektionsspritze werden sorgsam alle Bohrlöcher getränkt.
Überschüssiges, heraustretendes Be-
handlungsmittel sollte schnell mit
einem saugfähigen Tuch entfernt werden. Die meisten Mittel benötigen eine
Trockenzeit von 25 bis 30 Stunden.
Danach ist der Vorgang zweckmäßi-
gerweise zu wiederholen. Die Arbeitsgänge der Oberflächenbehandlung
sollten je nach Fabrikat erst nach
mehreren Tagen begonnen werden.

Spezielle Vorbereitungen

Bleichen. Nach dem Abbeizen der
alten Farbschichten zeigen sich die
Naturholzflächen nicht immer in der
gewünschten oder erhofften makello-
sen Klarheit. Sie sind im Laufe der
Jahre stark gedunkelt; Nadelhölzer
zwar nicht so stark wie Laubhölzer,
ganz besonders aber Eichenholz.
Eine fast vergessene Technik, mit der
hier nachzuhelfen ist, ist das Bleichen.
Durch sie kann das Holz wieder aufgehellt oder können Verfärbungen
entfernt werden. Nicht nur für Heimwerker bietet der Fachhandel ein

Oxyd-Holzbleichpulver an, das diese
Arbeit vereinfacht.

Vorzugehen ist dabei folgenderma-
ßen: Zunächst werden die Metallbe-
schläge abgenommen, und dann wird
das abgebeizte Holz mit verdünntem
Salmiak nachgewaschen. Das Oxyd-
Holzbleichpulver wird sechs- bis acht-
fach verdünnt mit heißem Wasser aufgelöst und aufgetragen. Sobald die
Aufhellung erfolgt ist und die ur-
sprüngliche Naturfarbe sich zeigt,
wäscht man die behandelte Fläche
mit warmem Wasser nach und läßt sie
trocknen. In schwierigen Fällen muß
der Vorgang wiederholt werden. Bevor man jedoch die ganze Fläche bearbeitet, sollte ein Versuch an einer
unauffälligen Stelle erfolgen.

Dem im chemischen Bereich nicht un-
erfahrenen Heimwerker kann das er-
folgreiche und wirkungsvolle Hausmit-
tel der alten Handwerker empfohlen
werden. Für medizinische und technische Zwecke ist eine 30prozentige
Lösung von Wasserstoffsuperoxyd –
H_2O_2 – erhältlich. Es wird am besten
in dunklen Flaschen (sorgfältig ge-
kennzeichnet) bei mittlerer Temperatur aufbewahrt, weil sowohl helles
Licht als auch Hitze und Kälte zerset-
zend einwirken. Dem 30prozentigen
Oxyd setzt man zwei Teile Wasser
hinzu und erhält dann eine zehnpro-
zentige Lösung, die in den meisten
Fällen ausreicht. Die Bleichwirkung
zeigt sich erst nach Minuten und kann
durch die Zugabe von einigen Tropfen
Salmiakgeist auf 100 g Wasserstoffsuperoxyd beschleunigt werden. Danach wie stets gut nachwaschen,

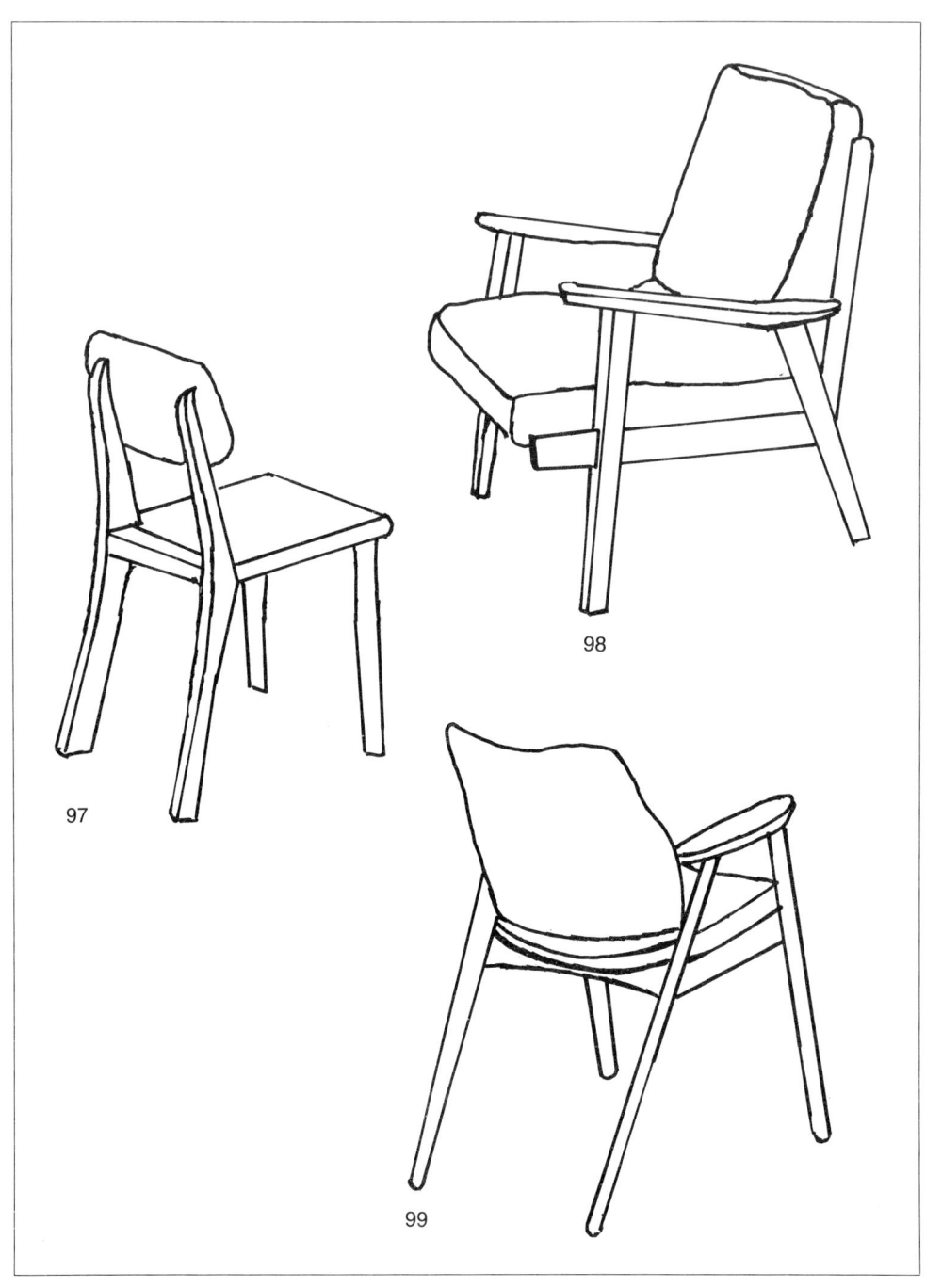

97 bis 99   *Verschiedene Stuhlformen aus der Zeit zwischen 1950 bis 1965. Sie sind gute Hand-arbeit und bequem.*

trocknen lassen und vor der weiteren Oberflächenbehandlung schleifen, weil das Holz durch die Feuchtigkeit aufgerauht ist. Diese Arbeit ist nur in Schutzkleidung und mit Schutzhandschuhen auszuführen.

Wässern. Die Holzoberfläche wird mit heißem Wasser in Faserrichtung befeuchtet. Dabei werden Leimspuren oder durchgeschlagene Leimstellen weggewaschen, die Poren geöffnet und die Aufnahmefähigkeit für die Beize auch bei unterschiedlicher Holzstruktur ausgeglichen. Durch das Wässern hat das Holz eine normale Sättigung erhalten, die Beize wird nicht mehr plötzlich und stellenweise unterschiedlich angesaugt. Druckstellen im Holz gleichen sich wieder der Fläche an, starke Druckstellen werden durch Dämpfen mit dem heißen Bügeleisen und einem feuchten Leinenlappen gehoben. Zur Reinigung der Holzoberfläche von Fetten setzt man dem Wasser 25 g gute Kernseife auf 1000 g Wasser zu. Das Seifenwasser wird satt aufgetragen und muß einige Minuten kurz einwirken. Mit dem Schwamm oder Lappen, bei Harthölzern mit der Wurzelbürste in Faserrichtung, wird das Seifenwasser gut durchgearbeitet. Nun wird mit klarem Wasser nachgewaschen und gespült und die Holzoberfläche mit Tüchern abgetrocknet. Porenreiche Hölzer, wie beispielsweise Eiche, müssen noch vor dem Wässern von Schleifstaub und Spuren aus Metallbürsten durch einfaches Bürsten gesäubert werden.

Auskitten. Kleine Fehlstellen oder Nagellöcher sollten schon vor dem Beizen ausgekittet werden. Hierbei ist zu beachten, daß der Kitt die gleiche Aufnahmefähigkeit wie das Holz hat, nicht durch Schrumpfen nachsackt, nicht versprödet und sich formgerecht ins Holz eindrücken läßt. Man kann zwar nach der alten Methode vorgehen, bei der ein im Ton passendes Stück Massivholz mit stark verdünntem Leim an der Stirnholzseite bestrichen und mit einem scharfen Stecheisen das Holz in feiner Schicht abgeschabt wird, aber leider schrumpft dieser Kitt und macht ein Nachkitten notwendig. Deshalb wird dieser Kitt entsprechend überhöht aufgebracht und später, nach dem Trocknen, abgestochen und beigeschliffen. Der Handel bietet für diesen Zweck ein sogenanntes flüssiges Holz (Holzpaste, Holzkitt, plastisches Holz) in vielen Holzfarbtönen an, mit dem diese Arbeit problemloser und zeitsparender ausgeführt werden kann. Bei umfangreichen Arbeiten sollte vorher eine Probe gemacht werden, um die Aufnahmefähigkeit und Farbgleichheit beim Beizen zu testen.

Wachskitte werden nur verwendet, wenn vorher gebeizt und mattiert wurde, weil sie keine Beize annehmen. Diese Wachskitte sind in Stangenform in rund 20 verschiedenen Farbtönen zu haben. Durch Schmelzen werden sie verarbeitet und sind untereinander zu vermischen. Durch leichtes Reiben mit einem weichen Tuch läßt sich ihr Glanzgrad verstärken.

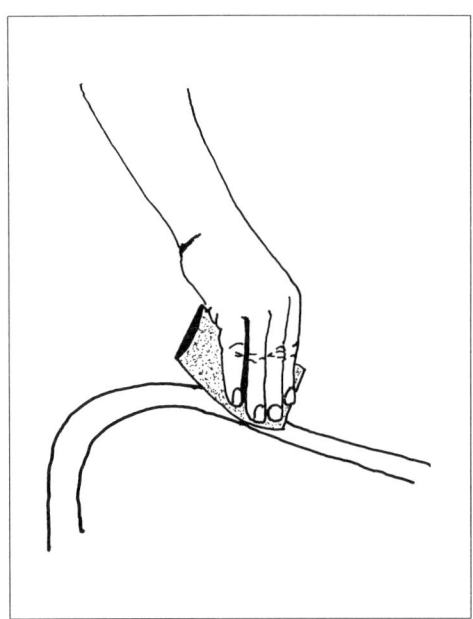

100 Sorgfältiges Schleifen an geschweiften Armlehnen oder Möbelteilen ist ein wichtiger Arbeitsgang der Vorarbeiten.

Schleifen und **Bürsten** vor dem Beizen. Das durch die Vorarbeiten aufgerauhte Holz muß geschliffen werden. Hierzu sollte nicht der Schleifklotz verwendet werden, weil er nicht in die Vertiefungen dringt. Von Hand wird das Schleifpapier von mittlerer Körnung (ohne Metall-Körnung) ohne Druck bewegt. Bei porenreichen Hölzern empfiehlt es sich, anfangs im Winkel von unter 45 Grad schräg zur Holzfaser zu schleifen. Dieser leichte Schrägschliff hat den Zweck, die am Ende der Holzfasern befindlichen kleinen Flusen abzuschleifen. Danach wird nur noch in Holzfaserrichtung weiter geschliffen. Bei den Laub- und Harthölzern füllen sich durch das Schleifen die angeschnittenen Poren mit Schleifstaub. Durch Bürsten wird der Schleifstaub aus den Poren entfernt, und die Holzoberfläche erhält dabei einen matten Glanz. Dieser gleichmäßige Mattglanz ist Gewähr für die nachfolgende gute Beizung der Holzoberfläche.

Beizen. Das Färben der Holzoberfläche wird nach der Vorschrift RAL (= Reichsausschuß für Lieferbedingungen und Gütesicherung) so bestimmt: »Als gebeizt sind solche Möbel, ... bzw. deren Oberflächen zu bezeichnen, die mit färbenden Flüssigkeiten behandelt wurden und einen entsprechenden Schutzüberzug erhalten haben. Es ist dabei gleichgültig, ob die Färbung durch gelöste Farbstoffe oder durch chemische Umsetzungen in der Holzfaser erfolgt.« Diese Bezeichnungsvorschrift stellt zwei Forderungen auf, wenn man den Begriff »Beizen« anwendet: Beizen müssen entweder Farbstofflösungen oder chemische Umsetzungen in der Holzfaser sein. Eine Lasur mit Terra di Siena oder Kasseler Braun, wie sie vom Maler benutzt wird, ist nach dieser Definition keine Beizung. Die Lasur wird von den weichen Jahresringen stärker aufgesaugt als von den harten. Häufig verschleiern, verschmutzen diese Lasuren leider das weiche Nadelholz.

Früher, als die Zusammensetzung der chemischen Beizen, den sogenannten Doppel-Beizen, auf Grund jahrelanger Erfahrungen nach eigenen Rezepten erfolgte, verwendete man Säuren, Salze und Oxydationsmittel. Zum Vorbeizen dienen verschiedene Gerbsäuren wie Tannin, auch Gallusgerbsäure genannt, die aus Eichenrinde oder Galläpfeln herstellt wird; oder Brenzkatechin, das sind weiße, giftige Kristalle, meist synthetisch oder aus Fichtenrinde gewonnen; Katechu ist ein brauner, harzartiger Gerbstoffextrakt aus verschiedenen ostindischen Pflanzen, der daher auch »Japanische Erde« genannt wird.

Als Nachbeizen werden verschiedene Salze und Oxydationsmittel verwendet, die mit den Gerbstoffen chemisch reagieren. So zum Beispiel Kaliumkarbonat, das im Handel als Pott-

asche bezeichnet wird, oder Kupfervitriol, Eisenchlorid, Kaliumchromat. Ein Teil der genannten Stoffe ist giftig oder wirkt ätzend und darf nicht auf die Haut kommen oder als Staub eingeatmet werden.

Heute kann ein bewährtes, im Handel erhältliches Sortiment verwendet werden. Diese einfach zu handhabenden Farbstoffbeizen werden bereits gebrauchsfertig in flüssiger Form oder pulverförmig angeboten.

Die gebrauchsfertige kratzfeste Beize für alle Weich- und Harthölzer hat eine ausgezeichnete Tiefenwirkung und vorzügliche Lichtechtheit. Alle liefer-

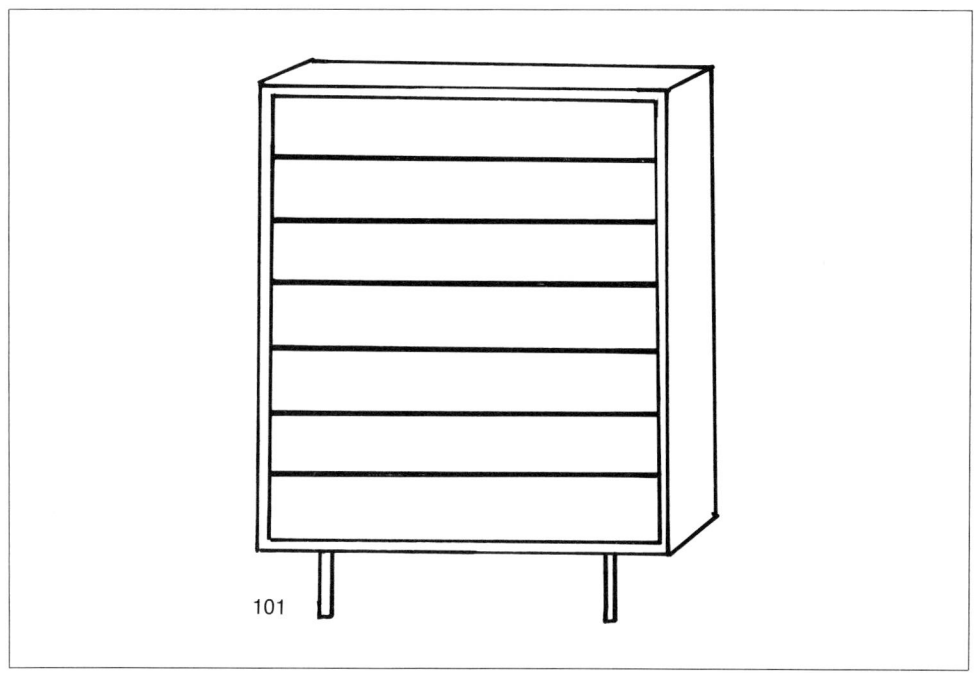

101

101 bis 103   Kleinmöbel wie Kommoden sind ihrer Größe wegen ideal für den Heimwerker, der sich erstmals mit dem Auffrischen alter Möbel befaßt.

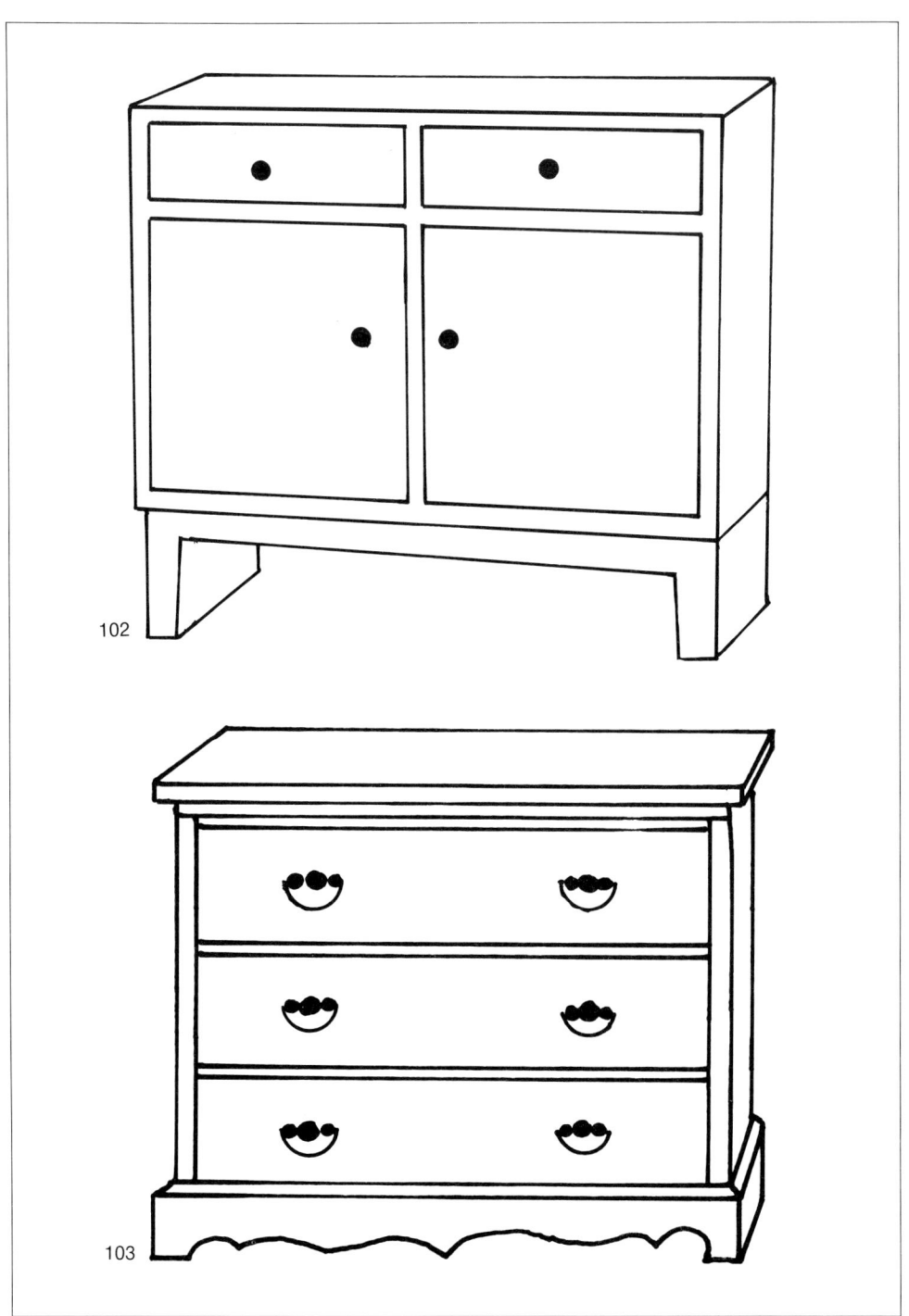

102

103

104 Ein alter Schreibtisch mit vielen Schubfächern, der den technisch versierten Praktiker voll fordert.

baren zehn Farbtöne sind untereinander mischbar. Die Vorarbeiten der Oberfläche sind bekannt: Zunächst mit einem Schwamm die Oberfläche wässern, trocknen lassen und danach mit 220er Schleifpapier glätten. Vor dem Probebeizen – an einer weniger sichtbaren Stelle des Möbelstückes, um festzustellen, ob der Farbton stimmt – wird der Schleifstaub mit einer Bürste entfernt. Vor der Verarbeitung muß die Beize kräftig aufgeschüttelt werden. Im allgemeinen läßt sich diese Beize unverdünnt verarbeiten. Wünscht man jedoch schwächere Farbtöne, so kann mit Wasser bis zu 15 Prozent verdünnt werden. Diese Beize wird gleichmäßig satt mit einem

breiten Flachpinsel aufgetragen. Nach zwei bis drei Minuten nimmt man den Überschuß ab und verteilt mit dem fast trockenen Pinsel in Holzfaserrichtung. Wenn die Beize völlig getrocknet ist, wird die Oberfläche mit einem Überzugsmittel behandelt.

Buntfarben-Beize, ebenfalls gebrauchsfertig und in neun untereinander mischbaren Farbtönen erhältlich, ist besonders farbstark und lichtecht. Nach den Vorarbeiten wie Wässern, Schleifen, Schleifstaub ausbürsten und Probebeizen folgt die Verarbeitung. Die Beize wird kräftig geschüttelt und mit einem breiten Flachpinsel satt aufgetragen. Den Überschuß nach wenigen Minuten abnehmen und dünn die Beize auf der Fläche mit dem fast farbleeren Pinsel (der Fachmann spricht vom trockenen Pinsel) egalisieren. Nach dem Trocknen wird mit einem Überzugsmittel weitergearbeitet.

An grobporigen Hölzern wie Eiche, Esche oder ähnlichen kann die Porenstruktur durch die in sechs Farbtönen erhältliche Rustikaleffekt-Beize deutlich dunkler hervorgehoben werden. Die notwendigen Vorarbeiten gleichen sich: Schleifen, Schleifstaub ausbürsten, Probebeizen. Nach dem kräftigen Aufschütteln wird die Beize gleichmäßig satt mit dem Flachpinsel aufgetragen. Mit einem Lappen oder Ballen aus Leinenstoff reibt man die Beize quer in die Poren und nimmt danach den Überschuß längs in Holzmaserrichtung ab. Nach dem Trocknen kann mit einem Überzugsmittel weitergearbeitet werden.

Überzugsmittel

Wachse

unterscheidet man in tierische, pflanzliche und mineralische Wachse. Bienenwachs wird durch Schmelzen der vom Honig befreiten Bienenwaben gewonnen. Je nach Herkunft und Behandlung beim Ausschmelzen erhält es eine hellgelbe bis braunrote Fär-

bung. Karnaubawachs, ein Pflanzenwachs aus den Blättern der Wachspalme, hat eine gelbliche, grünliche oder graue Farbe. Es wird wegen seinem hohen Schmelzpunkt auch als Hartwachs bezeichnet. Zeresin oder Erdwachs ist ein mineralisches Wachs von weißer bis gelblicher Farbe. Durch Aufquellen beziehungsweise Auflösen von Wachs in Terpentinöl werden Wachssalben oder Wachslösungen hergestellt. Diesem Überzugsmittel kann der Kunststoff Silikon beigemischt werden, um einen härteren und glänzenderen Überzug zu erhalten.

Wachsbeizen aus gelösten Farbstoffen und verseiftem Wachs haben den Vorteil, daß mit der Beize zugleich ein Wachsüberzug aufgebracht wird. Sie sind in zehn Farbtönen zu haben und alle untereinander mischbar. Nach den üblichen Vorarbeiten an der Holzoberfläche wird die kräftig aufgeschüttelte Wachsbeize mit einem breiten Flachpinsel satt aufgetragen. Nach wenigen Minuten nimmt man den Überschuß ab und verteilt in Holzfaserrichtung, um die Fläche zu egalisieren. Wenn diese aufgebrachte Wachsbeize völlig trocken ist, können die gebeizten Flächen mit einer Roßhaarbürste auf Seidenglanz gebürstet werden.

Eine gleicherweise dekorative wie natürliche und offenporige Holzveredelung wird durch ein sogenanntes Holz-Dekorwachs erreicht. Dieses gesundheitsunbedenkliche Mittel hat gerade auch für den Anfänger besonders gute Verarbeitungseigenschaften durch

105 Bei Holz-Dekorwachs genügt ein einmaliger dünn und gleichmäßig aufgetragener Anstrich.

106 Nach dem Wachsen poliert man die Fläche mit einem Tuch oder feinster Stahlwolle und erhält je nach Intensität einen Glanzgrad.

seine sahneartige und daher tropffreie Konsistenz. Es kann auf allen Holzarten im Innenbereich an Möbeln wie an der Holzvertäfelung eingesetzt werden. Die Holzoberfläche muß vor der Behandlung trocken und sauber sein. Das Holz-Wachs wird, nachdem es in der Dose gut aufgerührt worden ist, mit einem Flachpinsel oder einem kurzflorigen Farbroller unverdünnt und satt aufgetragen. Nach etwa 15 Minuten wird das Mittel auf der behandelten Fläche mit einem weichen Tuch in kreisenden Bewegungen eingerieben. Anschließend wischt man den Wachsüberschuß in Holzfaserrichtung leicht ab und erhält dadurch einen schönen, gleichmäßigen Matteffekt. Nach rund zehnstündiger Trockenzeit erreicht man durch Polieren mit dem Tuch oder feiner Stahlwolle (000) einen dezenten Seidenglanzeffekt. Neben dem farblosen Mittel ist Holz-Dekorwachs in den Farbtönen Elfenbein, Gold-Ahorn, Walnuß, Mahagoni, Silbergrau, Eiche, Whisky, Tabak und Rehbraun erhältlich.

Polituren

sind Lösungen von Harzen beziehungsweise Nitrozellulose in Alkohol. Die Schellackpolitur besteht aus in Spiritus gelöstem Schellack. Es wird aus den Ausscheidungen der indischen Schildlaus gewonnen. Neben Harz enthält Schellack geringe Mengen Wachs und Farbstoff von Bräunlichgelb bis Rotbraun, und zwar in Form von dünnen Blättchen oder

Stangen, die im Fachhandel erhältlich sind. Zum Polieren von hellen Hölzern gebrauchte man den künstlich, fast weiß, gebleichten Schellack.

Nitrozellulosepolituren – Nitrozellulose ist eine Verbindung von Zellulose mit Salpetersäure – sind Lösungen von Nitrozellulose in Alkohol (Lösungsspiritus), weniger wasser- und kratzempfindlicher als Schellacküberzüge. Sie trocknen schneller und sind wasserhell. Sehr häufig wurden Mischpolituren, sogenannte Schnellpolituren, verwendet. Sie enthalten Nitrozellulose und Schellack und sind geschmeidiger als die reine Nitrozellulosepolitur.

Das Polieren war früher und ist wohl auch heute noch die hohe Kunst des wirklichen Könners. Es gilt eine absolut ebene und hochglänzende Fläche zu schaffen. Eine sehr gute Vorbereitung der Holzfläche, die keine Hobelstöße, Schleifspuren oder andere Unebenheiten aufweisen darf, ist Vorbedingung für das Gelingen einer Holzpolitur. Nachdem die Holzflächen mit einer Ziehklinge abgezogen, gewässert und fein geschliffen wurden – die Profis verwendeten dazu Bimsmehl und einen Filzklotz –, folgt das Trockenreiben mit einem Leinentuch. Das so geputzte und getrocknete Holz kann nun gebeizt werden. Die beim Beizen sich aufrichtenden kleinen Holzfäserchen – sie zeigen sich, gegen das Licht gehalten, als feiner Flaum – reibt man mit feinem Schleifpapier ab.

Auf das Schleifen und Beizen folgt bei großporigen Hölzern das Füllen der

107 In der richtigen Umgebung kommt die schlichte Schönheit des Schrankes voll zur Geltung.

Poren. Dieser Porenfüller ist gewöhnlich auf Schellack-, Öllack- oder Zellulosebasis aufgebaut und besteht aus Füllkörper und Bindemittel. Er ist heute in gebrauchsfertigem Zustand im Handel erhältlich. Beim Verarbeiten wird die Masse quer zur Holzfaser mit einem »Ballen«, das ist ein zusammengeballtes Stück Stoff aus Leinen oder Baumwolltrikot, eingerieben. Auf diese Weise können die Poren wirklich gefüllt werden, weil man beim Längsreiben die Masse immer wieder aus den Poren herausschiebt. Reicht bei grobporigen Hölzern ein einmaliges Auftragen nicht aus, so muß es wiederholt werden, bis die Poren wirklich geschlossen sind. Schellack- und Zellulose-Porenfüller sind in wenigen Stunden durchgetrocknet. Nach dem Trocknen wird die Fläche mit feinem Glaspapier geschliffen und sorgfältig abgestaubt. Anstelle von Porenfüller wird heute ein Einlaßgrund oder eine füllkräftige Schnellschleifgrundierung verwendet.

Zum Polieren wird das Möbelteil fest eingespannt, damit es sich nicht verschieben kann. Es ist zweckmäßig, mehrere Werkstücke so vorzubereiten, damit immer ein bearbeitetes Teil ruhen kann. Diese Ruhezeit ist notwendig, weil die aufgetragene Politur Reste von Spiritus abstößt, um völlig durchtrocknen zu können. Wird dieses nicht beachtet, so schlägt die Politur nachträglich weg. Nur wenn die Lösemittelreste verdunstet sind und zum Schluß mit trockenem Ballen gearbeitet wird, bleibt die Politur »stehen«.

Schon beim Grundpolieren ist es falsch, wenn man viel Schellacklösung aufträgt, man kann viel besser polieren, wenn die Politur sparsam aufgetragen wird. Das Polieren ist kein Lackieren, sondern eher ein Schleifprozeß, bei dem die Politur in das Holz eindringen und härten soll. Poliert wird in kreisförmiger Achterbewegung. Dabei darf nicht an Kraft gespart werden, um eine gute Politurfläche zu erhalten. Nach dem meist zweimaligen Grundpolieren darf die Fläche nicht glänzen, sondern nur einen gleichmäßigen Seidenglanz, ohne matte Stellen zeigen. Nach dem Trocknen folgt der Feinschliff mit sehr feinem Schleifpapier.

Zum Deckpolieren gibt man der Politur etwas Polieröl bei, um damit das Anhängen des Ballens zu verhindern. Doch soll es sehr sparsam verwendet werden, weil es später ausschwitzt, der Polierglanz wegschlägt und matte Stellen bildet. Gegen Ende des Deckpolierens wird die Politur mit Spiritus verdünnt und der leinene Polierballen häufiger gewechselt.

Auspoliert wird so trocken wie möglich. Es muß dabei vermieden werden, daß die Politur immer wieder ganz aufweicht. Wichtig ist auch, daß die Fläche nach jedem Poliergang ruhen kann. Früher ließ man die Fertigpolituren wochenlang ruhen und polierte dann nochmals nach, um Polituren zu erhalten, die wirklich stehen bleiben.

Die zeitaufwendigen Arbeitsgänge beim Polieren mit Schellackpolitur wurden ausführlich beschrieben, weil sie im wesentlichen auch für die Verarbeitung der heute verbreiteten Zelluloselacke gelten können. Mit ihnen ist die Trockenzeit viel kürzer und die Lackierung viel härter und wasserfester. Den Grundstoff für diese Polierlacke bildet die esterlösliche Nitrozellulose.

Arbeitsgänge beim Polierverfahren:

○ Porenfüllen der geputzten, vorbereiteten eventuell gebeizten Holzfläche. Nach dem Trocknen schleifen. Staub sauber entfernen.
○ Werkstücke festspannen.
○ Grundpolieren. Trocknen lassen. Schleifen.
○ Deckpolieren, danach ruhen lassen.
○ Auspolieren.

Mattierungen

Diese Lösungen von Schellack oder Nitrozellulose geben dem Holz auf einfache Weise einen mattglänzenden Überzug, der unbedingt geschlossen, wasserfest und griffest ist. Die Eigenart des Oberflächenbildes wird besonders bei grobporigen Hölzern betont.

Schellackmattierung, die aus einer dicken Schellacklösung besteht, der Wachs oder Öl zugegeben wurde, ist geschmeidig, läßt sich leicht auftragen und gleichmäßig verteilen.

Nitrozellulosemattierungen unterscheiden sich nach ihrer Zusammensetzung. Sie sind entweder mit Spiritus oder mit Ester beziehungsweise der vom Hersteller genannten Verdünnung verdünnbar. Mit dem Ballen oder dem Pinsel lassen sich die mit Spiritus verdünnbaren Mattierungen verarbeiten; die anderen trägt man mit dem Pinsel oder der Spritzpistole auf. Diese Zellulosemattierungen haben neben einer kürzeren Trocknungszeit noch den Vorzug einer höheren Kratz- und Wasserfestigkeit.
Die vorher gewässerten und geschliffenen, häufig auch gebeizten Flächen streicht man mit einem nicht zu weichen Pinsel oder mit dem Ballen nicht zu satt ein. Nach kurzer Trockenzeit, etwa eine Stunde, wird mit feinem Schleifpapier leicht übergeschliffen und der Schleifstaub entfernt. Das eigentliche Mattieren erfolgt dann nur mit dem Ballen, Strich neben Strich, längs der Holzfaserrichtung bis ein normaler Mattglanz erreicht ist. Bei Mattierungen von höherer Qualität grundiert man die Fläche zunächst mit einem Schnellschleifgrund, um nach der kurzen Trockenzeit und leichtem Zwischenschliff die farblose Mattierung mit dem Ballen aufzutragen. Der Auftrag trocknet während der Verarbeitung und klebt nicht nach.

Lacke

Lacke bestehen aus Naturharzen, Kunstharzen oder Nitrozellulose und dem jeweiligen Lösungsmittel. Der in

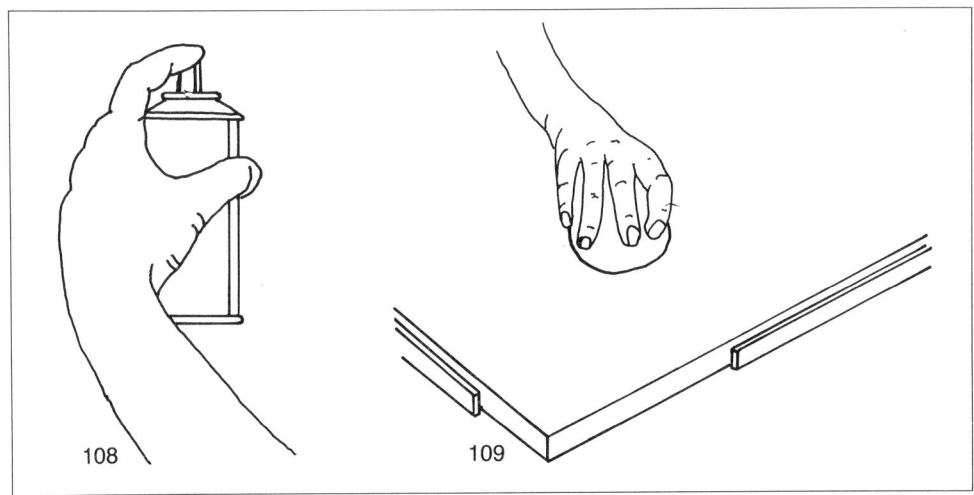

108   Lackauftrag mit der Sprühdose.

109   Die fest eingespannte Platte wird mit dem »Ballen« poliert.

verschiedenen Stufen glänzende Überzug entsteht durch Verdunsten des Lösungsmittels oder bei Öllack durch Eintrocknen des Öles. Für die abschließende Oberflächenbehandlung und als schützender Überzug an Möbeln werden heute neben Nitrolakken hauptsächlich die Kunstharzlacke verwendet. Davor war die Naturholzlackierung auf Ölbasis üblich.

Kunstharzlacke sind, vereinfacht gesagt, Lösungen von Kunstharzen. Sie unterscheiden sich dadurch, daß es Lacke mit härtbaren Kunstharzen gibt, die zum Aushärten den Zusatz eines Säurehärters benötigen. Dieser Härter wird dem Lack kurz vor dem Verbrauch beigemischt. Die Verarbeitungszeit, die sogenannte Topfzeit, ist dadurch begrenzt. Die Überzüge, man spricht auch vom Versiegeln, sind

wetterbeständig, unbedingt säure- und alkoholfest, nicht wärmeempfindlich und sehr schlag- und kratzfest.

Bei den **Zweikomponenten-Lacken** werden vor der Anwendung zwei Lakke, die aus besonders aufeinander abgestimmten Kunststoffen bestehen, gemischt. Die Aushärtung erfolgt ohne Härtezusatz, weil diese Mischung eine chemische Verbindung eingeht. Qualitativ hat dieser Lack die gleichen Eigenschaften wie der säurehärtende Lack. Er kann allerdings später vergilben, das heißt nachdunkeln.

Einkomponenten-Lack. Der gebrauchsfertige, farblose Einkomponenten-Lack ist ein hochwertiger Streichlack, der für eine strapazierfähige Lackierung von Tischen und

94

Stühlen verwendet wird. Die Verarbeitung erfolgt, im Gegensatz zu der vorgenannten, ohne größere Geruchsbelästigung. Mit diesem um etwa 20 Prozent verdünnten Lack kann bei einer Neulackierung die geschliffene und entstaubte, rohe Holzoberfläche grundiert werden. Nach guter Trocknung, etwa zwölf Stunden, wird die Fläche mit feinem Schleifpapier geschliffen und entstaubt. Danach kann ein- oder zweimal mit dem unverdünnten Lack lackiert werden. Auf alten, gebrauchten Möbeln kann, je nach dem Zustand der Oberfläche, ebenfalls ein- bis zweimal lackiert werden.

Der **Nitro-Streichlack** ist gebrauchsfertig lieferbar. Er soll möglichst unverdünnt verarbeitet werden. Nachdem die mit einer Schnellschleifgrundierung behandelte Holzoberfläche geschliffen und staubfrei gemacht wurde, wird der Nitro-Streichlack mit einem breiten und weichen Flachpinsel zügig in Holzfaserrichtung aufgetragen. Erhältlich ist dieser Nitrolack auch in Aerosol-Sprühdosen von 300 g, um kleinere Flächen mit einer Lackschicht versehen zu können.

Grund- und Überzugslack. Dieser farblose, seidenmatt auftrocknende Grund- und Überzugslack für Holzoberflächen ist nicht nur für den Fachmann interessant. Durch die besonderen Eigenschaften dieses Lackes wird einmal die Lagerhaltung vereinfacht, und außerdem können Fehlgriffe nach den verschiedenen Grundier- und Überzugsmaterialien vermieden werden. Weitgehende Sicherheit also für den fach- und werkgerechten Aufbau einer Lackierung. Dieser Spezial-Grund- und Überzugslack schützt das Holz vor frühzeitigem Vergilben und ist schwer entflammbar. Er kann im Spritz- oder Streichverfahren leicht verarbeitet werden.

Zum Grundieren wird der Gebindeinhalt gut durchgeschüttelt und auf die geschliffene und entstaubte Holzoberfläche mit einem weichen Flachpinsel zügig, Strich neben Strich in Holzmaserrichtung, satt aufgetragen. Nach der relativ kurzen Trockenzeit von ein bis zwei Stunden kann die grundierte Fläche mit feinem 220er Schleifpapier leicht geschliffen und entstaubt werden. Anschließend wird der Grund- und Überzugslack wie beim Grundieren unverdünnt aufgetragen. Im allgemeinen reicht der hier beschriebene zweimalige Auftrag aus, um eine füllige, gleichmäßige Fläche zu erreichen. Sollten jedoch die Erwartungen an einen ebenmäßigen Lackfilm noch nicht ganz erfüllt sein, so kann ohne weiteres ein dritter Auftrag nach dem notwendigen Schleifen und Abstauben erfolgen.

Möbel-Lasur-Lack. Der seidenglänzende und gebrauchsfertige Möbel-Lasur-Lack dient zum Auffrischen alter Möbel, ebenso wie für Neulackierungen. Er läßt sich bei hervorragendem Verlauf, also einer gleichmäßigen Färbung der Fläche leicht verarbeiten und trocknet schnell an und durch. Es entsteht so ein gleichmäßiger, transparenter, seidenglänzender, wasser- und kratzfester Überzug. Die angebotenen zwölf Farbtöne sind alle untereinander mischbar. Bei einer Neulackierung muß die rohe, noch nicht behandelte Holzoberfläche mit der mehrfach erwähnten Schnellschleif-Grundierung vorbehandelt werden. Sonst ist vor dem Auffrischen die alte Möbeloberfläche von Schmutz und wachs- beziehungsweise silikonhaltigen Pflegemitteln zu reinigen und mit 220er Schleifpapier leicht zu schleifen und entstauben. Dann wird mit einem breiten, weichen Flachpinsel gleichmäßig zügig, Strich neben Strich, dieses Überzugsmittel in Holzmaserrichtung aufgestrichen.

Lack-Lasur. Zusätzlich ist diese im Handel, die für die lasierende, seidenmatte Veredelung von rohen oder zur Renovierung von bereits mattierten Möbeln eingesetzt werden kann. Sie ist in verschiedenen, insgesamt 15 Holz- und Buntfarben erhältlich, die sich mit sämtlichen Anstrichsystemen verträgt und eine gute Haftung ergibt. Bei alten Holzoberflächen ist zunächst eine gründliche Reinigung notwendig, die mit der Verdünnung und einer Bürste erreicht wird. Anschließend wird die trockene Oberfläche sorgfältig mit Schleifpapier der Körnung 220 angeschliffen und entstaubt. Sollte einer der 15 Farbtöne den Vorstellungen nicht entsprechen, so kann der gewünschte Farbton durch Mischen der Farben untereinander selbst bestimmt werden. Mit einem sauberen, breiten und weichen Flachpinsel wird die Lack-Lasur gleichmäßig aufgetragen. Nach dem Trocknen über Nacht kann je nach gewünschter Farbstärke und Fülle noch ein- oder zweimal nachgestrichen werden. Vor jedem Auftrag sollte jedoch selbstverständlich ein Zwischenschliff mit der Körnung 220 erfolgen.

Besonders erwähnt werden muß, daß von den vorstehend beschriebenen Materialien für die Oberflächenbehandlung an Möbeln folgende Produkte auch in Sprühdosen erhältlich sind. Für die Lackierung kleiner Flächen sowie für Ausbesserungs- und Verschönerungsarbeiten oder dort, wo ein Spritzgerät nicht verfügbar ist beziehungsweise nicht eingesetzt werden kann, ist der Einsatz vorteilhafter. Auf der Basis der Nitro-Kombinationslacke umfaßt dieses Programm den Schnellschleifgrund zum Grundieren von gebeizten oder ungebeizten, rohen Holzflächen: drei farblose Überzugslacke, wie den Glanzlack, einen Seidenmattlack und den Mattlack. Neben dem transparentfarbigen Seidenmattlack mit zehn Farbtönen wird noch der Zaponlack angeboten.

Zaponlack. Dieser farblose Lack dient zum Schutz von Metalloberflächen, wie zum Beispiel Messingbeschlägen. Der dünne Lackfilm ist unsichtbar und verhindert Korrosion und Verfärbungen. Auch hier müssen die zu lackierenden Flächen trocken, sauber, fett- und ölfrei und ohne Fingerabdrücke sein. Der Lackauftrag mit den Sprühdosen ist weitgehend bekannt, trotzdem soll hier wiederholt werden, daß der Lack nicht zu dick im Kreuzgang mit einem Abstand von 20 bis 25 Zentimetern auf die vorbereitete Fläche aufgesprüht wird.

Weitere Oberflächen-behandlungsverfahren und Ziertechniken

Antik-Behandlung

Möbel, die antik behandelt werden sollen, müssen einen gewissen altertümlichen Stil haben. Bei der Nachahmung eines solchen Effekts muß man sich zunächst fragen, wie es kommt, daß an einem alten Möbelstück bestimmte Teile heller und andere, besonders die Vertiefungen, dagegen dunkler sind. Auch die Übergänge von hell nach dunkel sind weich und fließend, das heißt ohne scharfe Begrenzung.

Bei der Antik-Behandlung werden die Flächen mit einer helleren Beize vorgebeizt und sogleich mit einer dunkleren Nußbaumbeize nachgebeizt. In der Mitte der Fläche wird dann eine helle Stelle ausgewischt und gleichzeitig durch Auftrocknen mit dem Schwamm der weiche Übergang hergestellt. Dabei ist eine besondere Aufmerksamkeit und Geschicklichkeit vonnöten, die man sich durch mehrere Versuche und Übungen aneignen muß. Nach dem Trocknen können noch die erhöhten Stellen an dunkelgebeizten Schnitzereien oder Zierleisten mit Stahlwolle heller gerieben werden. Mit etwas Fingerspitzengefühl ist auf diese Weise eine Steigerung des antiken Aussehens möglich. Nach dem sorgfältigen Entfernen der Stahlwollreste folgt die weitere Oberflächenbehandlung mit dem Einlassen der Schnellschleifgrundierung und dem Mattieren oder Lackieren.

Patinieren. Eine andere Möglichkeit, das antike Aussehen des Möbelstückes zu verstärken, ist das Patinieren. Bei dieser altbekannten Technik wird in die tiefen Stellen der Zierleisten oder Schnitzereien auf der vorbehandelten, noch nicht lackierten Holzfläche ein dunkler oder schwarzer Wachsbrei oder eine Lasurfarbe mit einem Pinsel eingestrichen und nach den Seiten leicht auslaufend, also zur Fläche hin schwächer werdend, verteilt. Dadurch soll der Eindruck entstehen, als ob die Vertiefungen durch das Alter so dunkel geworden sind. Diese weichen Übergänge kann man durch Stupfen mit einem fast farbleeren Borstenpinsel schaffen oder durch Abwischen mit einem Lappen, auf den ein unterschiedlich starker Druck ausgeübt wird. Nach dem Trocknen kann mit feinem Schleifpapier oder Stahlwolle die Fläche abgerieben und der letzte Überzug, die Mattierung oder die Lackierung, aufgetragen werden.

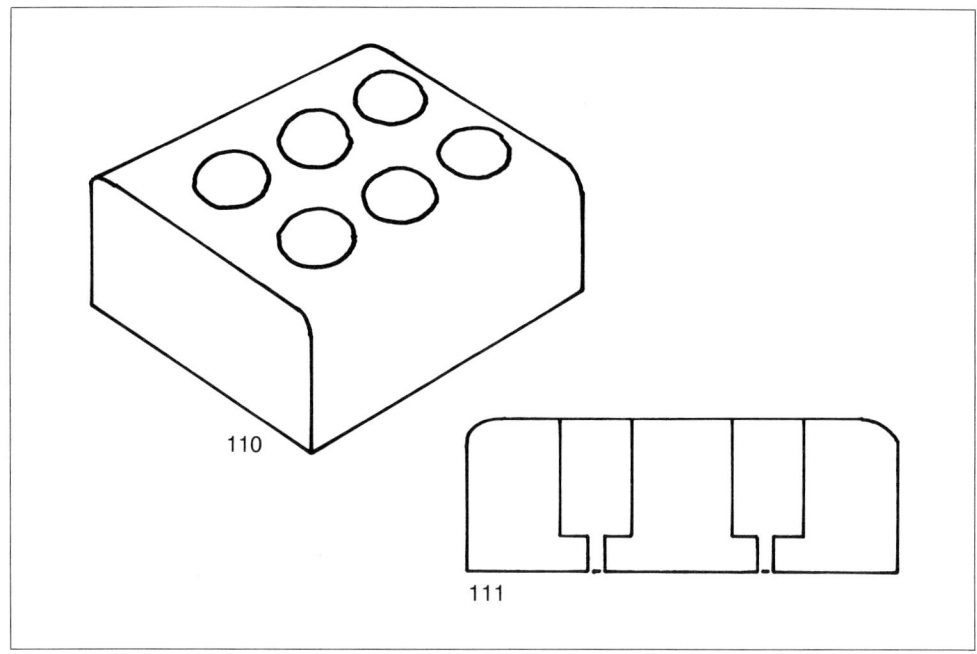

110   *Hölzerner Reibklotz zum Sandeln.*

111   *Querschnitt des hölzernen Reibklotzes.*

Sandeln, Sandstrahlen

Besonders dekorative Strukturen in der Holzoberfläche von Nadelhölzern wie Tanne oder Fichte kann man durch das Sandeln erreichen. Dabei werden die weichen Stellen mehr angegriffen als die härteren. Es entsteht eine reliefartige Oberfläche, bei der die natürliche Zeichnung des Holzes deutlich hervortritt. Zum Sandeln verwendet man feinkörnigen Sand, zum Beispiel Quarz, mit dem die Fläche bearbeitet wird. Man benutzt dazu einen hölzernen Reibklotz, in den mehrere Löcher von etwa 30 mm Durchmesser tief eingebohrt sind. Am unteren Ende der Schleifseite des Klotzes bohrt man kleinere Austrittsöffnungen, durch die der in die Löcher gefüllte Sand rieselt. In kreisrunden Bewegungen wird unter leichtem Druck der Sand verrieben, und zwar solange bis der gewünschte Effekt erreicht ist.

Beim Sandstrahlen wird der Sand durch Preßluft auf die Holzoberfläche geschleudert. Vorteilhaft ist es, die linke Seite des Holzes zu behandeln, weil die harten Jahresringe auf der rechten Seite oben liegen und deshalb aufsplittern würden. Man kann dazu die kleinen Sandstrahlgeräte verwenden, die im Handel mit entsprechendem Strahlgut zum Entrosten angeboten werden. Sie sind den bekannten elektrischen Farbspritzgeräten äußerlich ähnlich und ebenso zu handhaben. Allerdings sollten beim Benutzen die Sicherheits- und Schutzbestimmungen unbedingt beachtet werden (Arbeitskleidung, Schutzbrille). Nach dem Abbürsten des Sandes kann die Fläche gebeizt und lasiert und mit einem Schutzüberzug versehen werden.

Bürsten

Durch Bürsten erzielt man eine ähnliche Oberfläche wie durch Sandeln oder Sandstrahlen. Dazu wird eine besondere Stahldrahtbürste verwendet, deren Drahtborsten so angeordnet sind, daß ein Grat entsteht. Normale Stahldrahtbürsten können an einer Schleifscheibe entsprechend hergerichtet werden. Auch die als Zubehör für Bohrmaschinen angebotenen runden Stahldrahtbürsten können für diese Arbeit verwendet werden. Der Bürstenstrich wird in Holzfaserrichtung geführt, wobei das weiche Frühholz sich abheben läßt. Nachdem die Fläche mit einer Wurzelbürste gereinigt wurde, kann die Oberfläche wie rohes Holz durch Beizen, Mattieren oder Lackieren behandelt werden.

Brennen

Beim Brennen wird das ungehobelte Holz mit der Flamme einer Lötlampe oder eines Propangasbrenners gleichmäßig angekohlt. Zum Erfassen größerer Flächen arbeitet man mit dem aufgesetzten Breitstrahler. Es ist darauf zu achten, daß nur die Oberfläche leicht verbrannt wird. Hält man die Flamme zu lange auf eine Stelle, dringt die Verkohlung zu tief ins Holz ein. Es entstehen dann ungleichmäßige Vertiefungen, aus denen die verkohlten Holzteile nicht mehr herauszuholen sind. Diese schwarzen Stellen zerstören den beabsichtigten rustikalen Gesamteindruck des Möbels.

Um eine gleichmäßige Oberflächeneinwirkung zu erzielen, empfiehlt der Fachmann eine Vorbehandlung mit Salzsäure. Es wird eine Salzsäurelösung im Verhältnis 1:2, das heißt ein Teil Salzsäure und zwei Teile Wasser, angesetzt. Beim Verdünnen ist zu beachten: Säure in Wasser! – Nicht umgekehrt. Nach dem Trocknen der Salzsäurelösung wird die Flamme des Brenners zweimal langsam über die Fläche geführt. Dabei verkohlen die bearbeiteten Flächen gleichmäßig.

Nach dem gründlichen Ausbürsten mit einer Stahldrahtbürste werden die Holzkohlenstaubreste mit Kernseifenwasser und einer Wurzelbürste entfernt, wodurch die dunklen Jahresringe besonders deutlich hervortreten. In den meisten Fällen wird eine so bearbeitete Fläche weder gebeizt noch lasiert, sondern nur mit einem Grund- und Überzugslack geschützt, oder aber gewachst, wodurch sich die Wirkung der Holzfläche verstärkt.

Holzbrandtechnik

Ornamente, Schriftzüge oder Initiale an Truhen oder Schränken könnten ein Anwendungsgebiet von besonders schöner Wirkung sein, die früher häufig als »Brandmalerei« abschätzig betrachtet wurde. Mit einem im Handel erhältlichen, dem elektrischen Lötkolben ähnlichen Werkzeug, zu dem es Einsätze mit verschiedenartigem Querschnitt gibt, lassen sich die Vorhaben so ausführen, daß die Werkspuren wie eine Schnitzerei wirken. Im Prinzip ist jede Holzart, Vollholz oder Sperrholzplatten, für Brandarbeiten geeignet. Doch sollten dunkle Hölzer oder Hölzer mit groben, unruhigen Maserungen nicht gewählt werden. Verschieden reizvolle Wirkungen erreicht man durch die Art der Darstellung. Wenn das Motiv, Ornament oder Schrift, in das Holz eingebrannt wird und dunkel auf hellem Grund erscheint, so spricht man von einem positiven Bild. Negativ nennt man die Darstellung, wenn das Motiv erhaben stehenbleibt und der Hintergrund abgetragen worden ist. Jetzt ist die Grundfläche dunkel, und das Motiv ist hell. Dadurch ergibt sich eine schöne plastische Wirkung; vor allem wenn der dunkelbraune Ton des gebrannten Holzes noch die Werkspur des Brandgerätes trägt.

Das Motiv wird zunächst auf Transparentpapier aufgezeichnet und dann auf das Werkstück übertragen. Als erstes werden die Konturen gebrannt, und zwar bei positiver Darstellung nach innen, bei negativer nach außen. Der beim Brennen entstehende Strich wird bis an die Linie der Zeichnung herangeführt und Stück für Stück aneinandergesetzt. Die Kanten sind meist etwas übergebrannt und durch eine austretende teerähnliche Masse geschwärzt. Nach den Brandarbeiten wird die Oberfläche geschliffen. Müssen noch Korrekturen vorgenommen werden, so sind diese nochmals nachzuschleifen. Bei manchen Brandarbeiten kann sich starker Rauch entwickeln, der sich mit einem Ventilator absaugen läßt. Die Oberfläche der fertigen Arbeit kann gebeizt, mattiert oder lackiert werden.

Naturholz-Imitation

Den **Lasurarbeiten** ähnlich sind die Maserarbeiten, im Sprachgebrauch maserieren genannt und von dem Begriff der natürlichen Holzmaserung abgeleitet. Im Gegensatz zur Holzbeize, die in das rohe, noch nicht grundierte Holz eindringt, bildet die Lasur auf der grundierten Fläche einen transparenten, also durchsichtigen Farbfilm, der den Untergrund, die Holzmaserung, durchscheinen läßt und nur umfärbt. Der Lackkörper, das Bindemittel, verhindert das Eindringen des Farbstoffes in die Holzfaser. Deshalb kommt bei Beschädigungen eines Lasuranstriches der helle Holzuntergrund zum Vorschein. Solche Stellen können durch eine nachgemischte Lasur oder mit Farbstiften ausgebessert werden.

Maserarbeiten dienen dazu, Edelhölzer auf jedem beliebigen Untergrund zu imitieren. Die Gründe, eine andere Holzart durch Maserieren so darzustellen, daß sie mit dem Auge des Laien sich kaum von Naturhölzern unterscheiden, sind verschiedenartig. Besonders in der sogenannten Gründerzeit, vor der Jahrhundertwende, als es durchaus üblich war, vor ein bürgerliches Fachwerkgebäude eine protzige Renaissance-Fassade aus gehauenem Stein zu setzen, um es aufzuwerten, war die Blütezeit dieser Spezialisten. Folglich mußte die Inneneinrichtung, das Mobilar, diesen Eindruck bestätigen. Bis über die Mitte dieses Jahrhunderts hinaus waren diese Spezialkenntnisse gefragt. Doch nicht nur in Bürgerhäusern, sondern gerade in Kirchen, besonders kleineren Dorfkirchen und Wallfahrtskapellen, war diese Kunst schon lange vorher zu finden. Man findet heute noch, selbst in prunkvollen Barockkirchen, prächtig aussehende Marmorsäulen, die aus Holz mit imitiertem Marmor bestehen. Deshalb sollte die Anwendung dieser in den letzten Jahrzehnten fast verkümmerten Technik nicht von vornherein abgelehnt werden. Es ist auf diese Weise möglich, formschöne Möbel, aus preiswerterem Holz gebaut, den anderen, ihrer Holzart entsprechend anzupassen.

Blickt man sich um und untersucht das Marktangebot näher, so zeigt sich, daß ein Großteil der lieferbaren Hölzer, Platten wie Bretter, imitiert sind, jedoch technisch perfekter als von Hand hergestellt. Ein solcher Vergleich sollte jedoch nicht hindern, es selbst zu versuchen; zumal sich aus dieser Fertigkeit weitere dekorative Gestaltungsmöglichkeiten ergeben können.

Für Imitationsarbeiten ist eine gut gespachtelte und geschliffene Fläche Voraussetzung. Hierauf wird eine Vorstrichfarbe oder Vorlack im Hauptfarbton, meist einem variierten Ockerton, des Holzes gestrichen oder gespritzt. Nach dem Trocknen über Nacht und leichtem Abschleifen kann das Maserieren beginnen.

Der Fachmann stellt sich die Maserierfarben gewöhnlich selbst her. Er verwendet als Bindemittel Bier, eine Dextrinlösung oder aber Leinölfirnis; als Pigmente Terra di Siena natur oder gebrannt, Kasseler Braun und andere lasierende Farbe. Ausgewählt und gemischt werden diese Pigmente nach der darzustellenden Holzart. Je nach der Holzart werden an Werkzeug außer einem Ringpinsel zum Auftragen der Maserierfarbe, der Modler, der Zackenpinsel, Stahlkämme, der Gummikamm und Gummistift, der Schläger und der Dachshaarvertreiber benötigt. Mit diesem, fast komplett aufgezählten Werkzeug kann der Spezialist alle Holzarten täuschend ähnlich imitieren. Doch auch der Anfänger, der sich in dieser Technik versucht und dem es nicht so sehr auf die

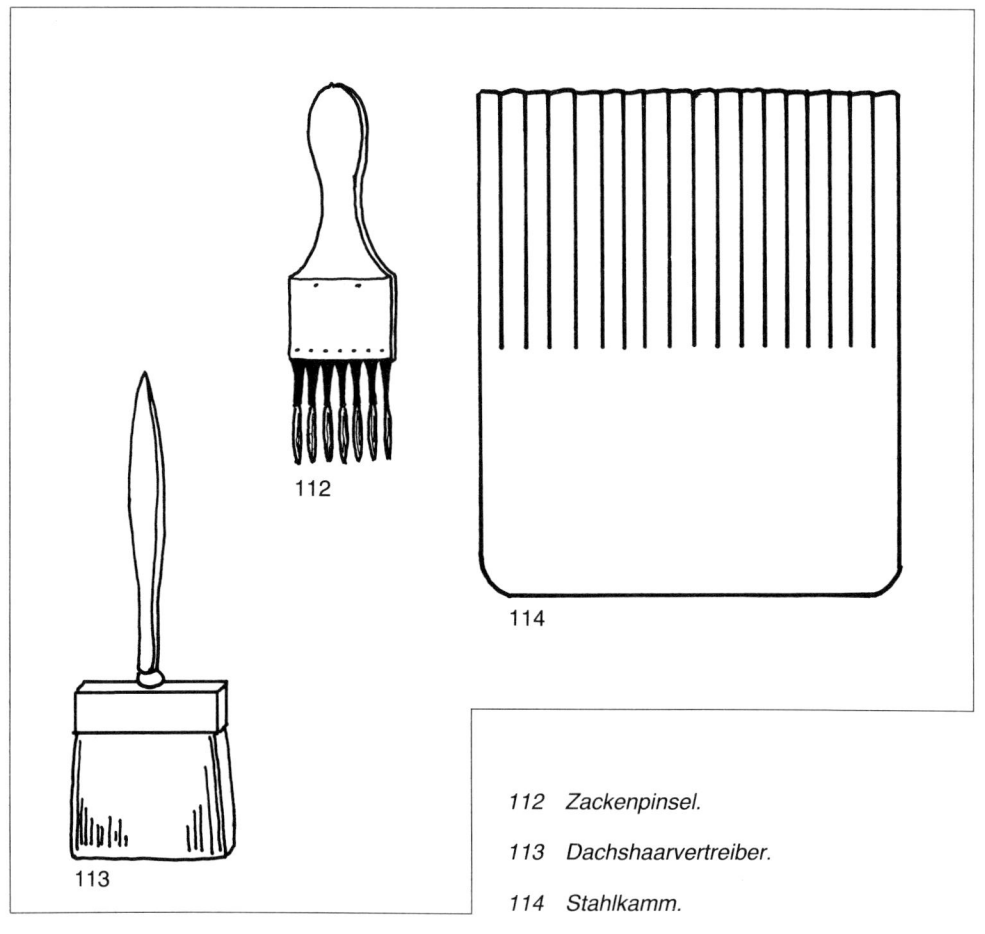

112 Zackenpinsel.

113 Dachshaarvertreiber.

114 Stahlkamm.

absolute Naturtreue ankommt, wird von dem erzielten, dekorativen Effekt überrascht sein.

Die Ausführung erfolgt auf dem getrockneten und geschliffenen Holzgrundfarbton. Mit dem Ringpinsel wird die Maserierfarbe aufgetragen und gleichmäßig verteilt. Da die mit Bier oder Dextrinlösung als Bindemittel angerührte Lasur schnell antrocknet, muß zügig gearbeitet werden. Mit dem Modler, einem breiten, blechgefaßten Pinsel, oder dem Gummikamm, der an den Seiten verschieden breite Zähne hat, wird die Farbe abgewischt. Durch entsprechende Haltung und

Bewegen des Werkzeugs wird der gestrichene Holzgrund sichtbar, und es entsteht ein Bild, das der Zeichnung der Holzmaserung ähnelt. Nach etwa zwei Stunden wird die Bier- oder Dextrinlasur mit einem transparenten Seidenglanzlackauftrag wischfest gemacht. Wenn dieser gut getrocknet ist, wird nochmals die Maserierfarbe lasierend aufgetragen. So läßt sich eine Tiefenwirkung, wie beim Echtholz, erreichen. Nach zweistündigem Trocknen dieser Lasur folgt die Schlußlackierung mit einem guten Möbellack.

Um ärgerliche Fehler zu vermeiden, muß bei der Auswahl und beim Kauf des transparenten Möbellackes der Anstrichaufbau beachtet werden. Gemeint ist, wenn die Spachtelmasse mit der die Holzfläche geglättet wurde und die Holzgrundfarbe auf Öl- oder Alkydharzbasis aufgebaut waren, darf nicht mit einem Nitrolack lackiert werden. Die einzelnen Anstrichschichten würden sich anlösen, so daß eine rauhe, apfelsinenschalenähnliche Oberfläche entstünde.

Auch die grobporige Eiche läßt sich imitieren. Bei diesen früher häufig angewendeten sogenannten Ritzeicheverfahren wird auf die gespachtelte Fläche der Ritzeichengrund satt aufgetragen. Wenn er matt abgezogen, aber noch nicht trocken ist, bringt man mit dem Ritzmesser oder der Porenwalze die Imitation an. Dabei wird der dunklere Ritzeichengrund beiseite gedrückt und die helle Spachtelung sichtbar. Nach dem Trocknen wird leicht geschliffen, abgestaubt und

eine Lasur aufgetragen. Mit dieser Lasur läßt sich noch die feine, zarte Eichenholzmaserung herausarbeiten. Die trockene Lasur wird abschließend mit einem Seidenglanzlack oder Mattlack fertiglackiert.

Eine Alternative, mit der jedermann Holzstrukturen anbringen kann, bietet ein holländischer Hersteller mit deutschem Vertriebsbüro an. Es ist ein sogenannter Holzstruktursatz, der aus einer Grundfarbe und zwei Glasuren (Lasuren) besteht. Diese Spezialfarbe in sechs Holzfarbtönen ist auf allen denkbaren Untergründen, Holz, Metall oder Kunststoff anwendbar. Nur drei Arbeitsgänge, Grundschicht, erste Glasurschicht mit Strukturierung und zweite Glasurschicht, sind notwendig. An Werkzeug wird ein Pinsel benötigt, außerdem braucht man einen Strukturstempel, der in Fachgeschäften als Viertelstab zum Maserieren erhältlich ist.

Der Untergrund wird zunächst von Schmutz, Wachs und Fettresten gereinigt, mit feinem Schleifpapier geglättet und abgestaubt. Hochglanz-Kunststoffoberflächen müssen mit dem Haftvermittler, dem Primer, vorbehandelt werden. Die Grundschicht wird mit dem Pinsel satt aufgetragen und gleichmäßig verteilt. Nach dem Trocknen verteilt man die erste Glasurfarbe dünn in gleichmäßiger Schicht. Diese noch nasse Farbschicht bearbeitet man mit einem trockenen Pinsel und erhält so die feineren Adern auf dem Hintergrund der Maserung. Die richtige Zeichnung der Holzmaserung mit Flammen und

Knorren erzielt man mit dem Struktur- stempel. Diese Strukturstempel be- wegt man langsam hin- und herwen- dend durch die noch frische Glasur- schicht, bis nach eigenem Ge- schmack und eigener Phantasie der gewünschte Effekt erreicht ist. Jedes- mal, wenn eine Bahn vollendet ist, entfernt man die überflüssige Glasur mit einem Pinsel vom Strukturstem- pel, bevor man die nächste Bahn an-

setzt. Sollte die fertigstrukturierte Flä- che mißlingen oder nicht den Vorstel- lungen entsprechen, so kann die Gla- sur noch einmal mit dem Pinsel durch- gearbeitet und neu verteilt werden. Wenn diese erste Glasurschicht nach mindestens zwölf Stunden durchge- trocknet ist, wird die zweite Glasurfar- be aufgetragen. Dadurch erhält die Maserung ihre Tiefenwirkung mit Sei- denglanzeffekt, wie man sie vom Na-

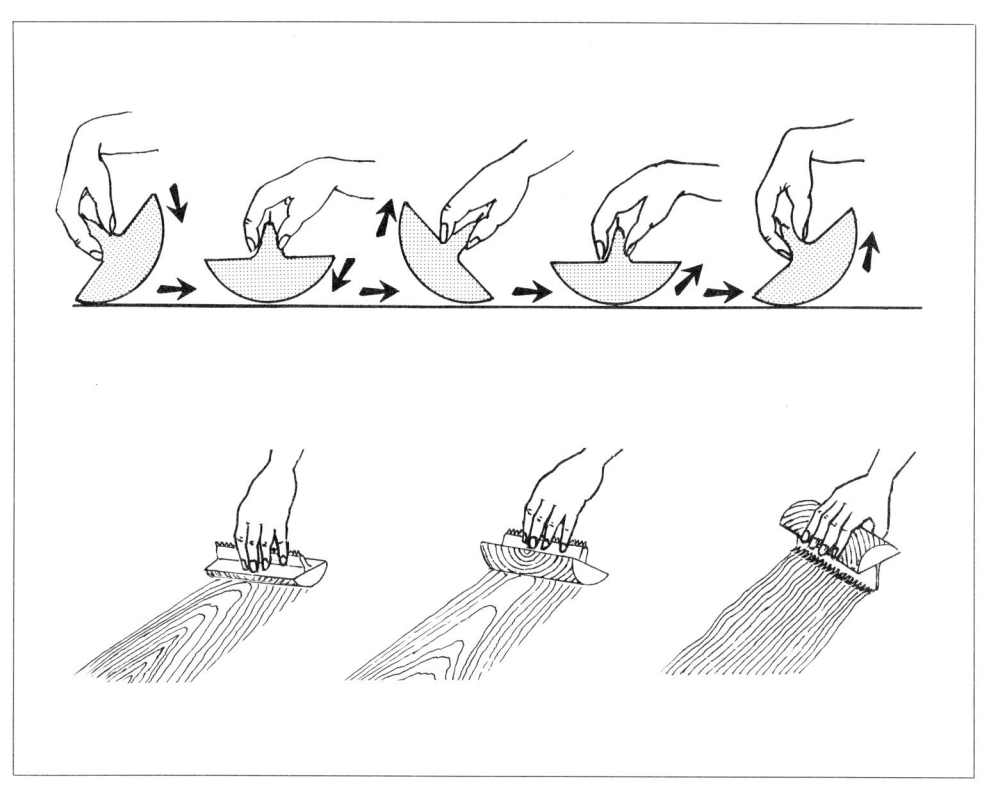

115 *Bewegungsabläufe mit dem Holzstrukturstempel, um eine Holzmaser-Imitation zu erzielen.*

turholz her kennt. Eine abschließende Lackierung kann diese Wirkung verstärken.

Kammzugtechnik

Eine besondere schmückende und gestalterische Möglichkeit mit erkennbarer Werkzeug- und Materialsprache bietet die Kammzugtechnik. Diese Kammzugmalerei kann auf jedem hellen Untergrund, der gleichmäßig eben und fest ist, ausgeführt werden. Soweit der Untergrund diesen Forderungen nicht entspricht, müssen die üblichen Vorarbeiten vorausgehen. Unebene Flächen werden grundiert, gespachtelt und mit einem hartauftrocknenden Vorlack vorbereitet.

Auf diesem vorbereiteten hellen Untergrund wird die Kammzugfarbe dek-

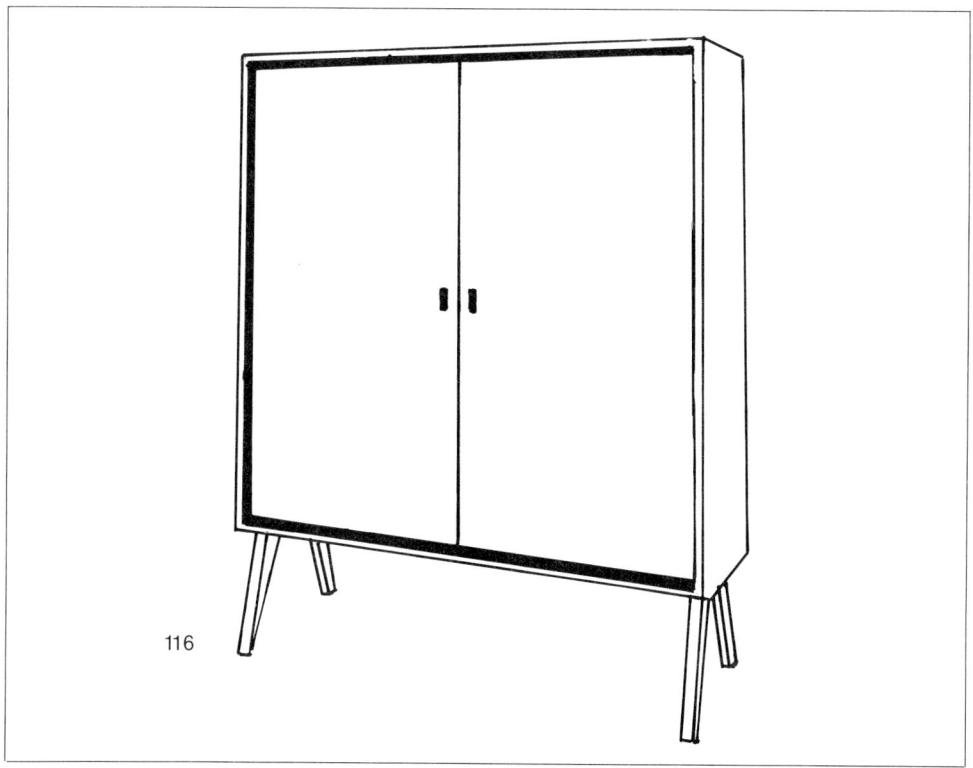

116

116 bis 120   Ob Anrichte, Sideboard oder kleiner Wohnzimmerschrank – mit den beschriebenen Techniken kann jedes Stück dekorativ gestaltet werden.

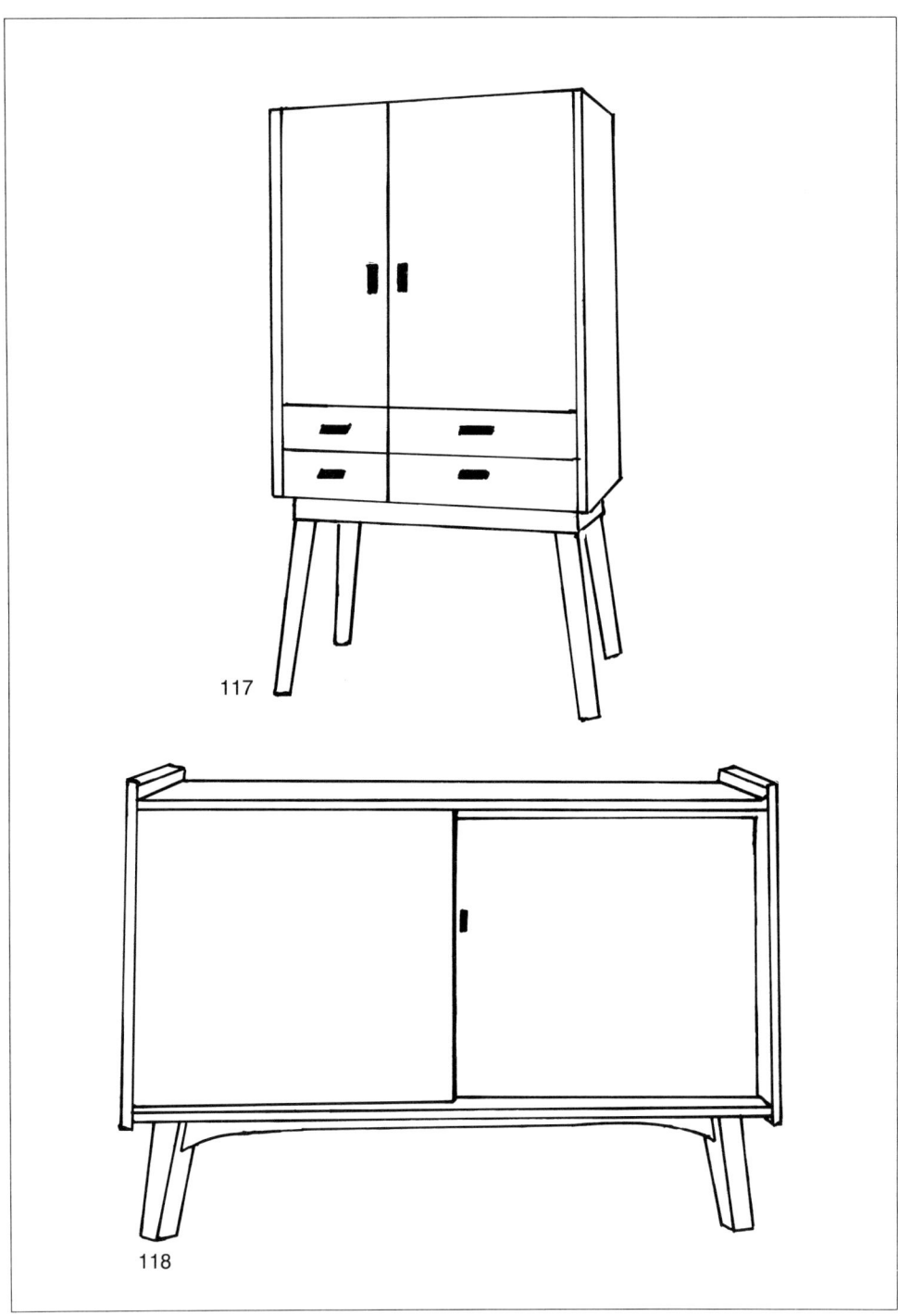

117

118

119

120

kend aufgetragen und gleichmäßig verteilt. In diesen frischen Anstrich wird mit verschiedenen Werkzeugen hineingeschrieben. Dabei wird die Farbe weggeschoben und der Untergrund sichtbar. Die Fläche erhält einen besonderen malerischen und farbigen Effekt.

Als Werkzeuge für die Kammzugtechnik kommen die im Handel erhältlichen Stahl- und Gummikämme verschiedener Art in Frage. Man sollte eine Auswahl von Kämmen in verschiedenen Größen mit breiteren und schmalen wie auch längeren und kürzeren Zahnungen vorrätig haben. Härtere Kämme ermöglichen einen starken Druck beim Führen des Werkzeugs; weichere lassen dagegen nur einen geringen Druck zu. Besondere Effekte können erzielt werden, wenn einzelne Zähne in bestimmten Abständen herausgebrochen werden, die dann die Kammzüge abwechslungsreicher machen. Ebenso gut eignen sich Kammwerkzeuge, die man sich selber aus entsprechenden Gummiplatten, Lederstücken, geschnittenen Kartoffelscheiben, Flachhölzern, stärkeren Pappen oder ähnlichem Material herstellt. Man hat so die Möglichkeit, Werkzeuge in den verschiedensten Breiten mit verschiedenartigsten Zahnungen je nach Bedarf und beabsichtigter Wirkung bereit zu halten.

Die Zugkanten dieser Werkzeuge müssen immer gerade und scharf sein. Je genauer und schärfer sie sind, um so bessere Formenzüge können ausgeführt werden. Auszah-nungen werden erst nachträglich angebracht. Sind diese Werkzeuge nach längerem Gebrauch abgenutzt und unscharf, so können sie von neuem nach- oder zugeschnitten werden. Zum Schneiden eignen sich am besten die scharfen Universalmesser mit ihren auswechselbaren Klingen. Bei Gebrauch sollen diese Werkzeuge immer wieder mit einem bereitgehaltenen Lappen gereinigt werden. Ebenso natürlich, wenn die Arbeit beendet ist und die Werkzeuge wieder verwendet werden sollen. Auch alte, abgenutzte Pinsel können zur Erzielung toniger oder feinstreifiger Züge verwendet werden.

Zum Abdecken oder Aussparen bestimmter Flächen fertigt man sich Schablonen aus grobem Schleifpapier an, die notfalls auf einen stärkeren Karton geklebt werden. Das Schleifpapier kann auf die frisch gestrichene oder fertig behandelte Fläche aufgelegt werden, ohne den Grund zu verwischen oder zu beschädigen. Für gerade Linien oder geometrische Formen fertigt man sich entsprechende Lineale oder Formen auf die gleiche Weise an. Nach einigen Versuchen stößt der interessierte Heimwerker immer wieder auf Möglichkeiten und Wirkungen, die sich verwerten lassen.

Weitere technische Alternativen, die sich gestalterisch auswirken, kann man durch eine Änderung der vorhandenen Untergrundbeschaffenheit erreichen. Auf der glatten Oberfläche des Grundes läßt sich die Kammzugfarbe je nach Werkzeugart vollständig wegziehen. Fertigt man aber einen rauhen Untergrund mit einer leichten Körnung an, so bleibt die Kammzugfarbe in den Vertiefungen sitzen. Belebt werden kann die Fläche auch durch mehrfarbige Streifen auf dem Untergrund. Diese sollten quer zur geplanten Richtung der Kammzugform angebracht werden, so daß beide Richtungen nicht zusammenfallen.

Die Art der beabsichtigten Wirkung und die Anforderung, die an die auszuführende Arbeit gestellt wird, bestimmen die Wahl der Kammzugfarbe. Früher verwendete man als gebräuchlichstes Bindemittel Leinöl beziehungsweise Leinölfirnis sowie ölarme oder ölfreie Emulsionen. Bei der Herstellung der Kammzugfarbe muß beachtet werden, daß sie nicht zu fest, zu breiig ist.

Die Kammzugformen und -strukturen sollen nach der Bearbeitung mit den Werkzeugen in ihren letzten Feinheiten stehenbleiben. Eine Anstrichfarbe, die zu fett ist, kann nachträglich verlaufen, eine magere dagegen zu schnell anziehen, das heißt trocken werden. Um die notwendige Konsistenz zu erreichen, wurde dem dick angeteigten Brei bei Leinölfirnisfarben nach und nach reines Terpentinöl zugesetzt. Beim Einkauf muß man berücksichtigen, daß heute unter der Bezeichnung Terpentin oft Testbenzin angeboten wird. Testbenzin, auch Terpentinersatz genannt, ist ein Destillationsprodukt des Rohpetroleums mit bestimmten Mengen benzolähnlicher Kohlenwasserstoffe. Dieser Terpentinersatz kann den Grundanstrich

anlösen und das Bearbeiten in der erforderlichen Art erschweren.

Weitere Zusätze sind feinst gemahlene Champagnerkreide, mitunter ein wenig Wachs oder auch schwache Seifenwasserlösungen. Die schwache Seifenwasserlösung macht die Farbmasse pastenartig und stumpfmatt. Es dürfen nur geringe Mengen unter stetem Umrühren zugesetzt werden, bis sie eine völlige Verbindung (Emulgierung) eingehen. Sollte die Farbmasse zu schnell anziehen, so kann man etwas flüssigen Zelluloseleim, zum Beispiel Glutolin, zugeben. Auch dieser muß bis zur Emulgierung gut eingerührt werden.

Je nach der beabsichtigten Wirkung kann die Farbmasse dicker (breiiger) oder dünner (flüssiger) sein. Mit einer breiigen Masse erreicht man einen plastischen reliefartigen Auftrag. Der umsichtige Heimwerker wird deshalb vor dem Arbeitsbeginn Anstrichproben und Arbeitsversuche mit den Werkzeugen und der Farbmasse auf dem jeweiligen Grund vornehmen. Erst dann, wenn die Kammzugfarbe den Anforderungen entspricht, soll mit dem eigentlichen Auftrag begonnen werden.

Die Farbmasse wird mit dem Pinsel aufgetragen. Um eine gleichmäßige Verteilung und einen guten Gesamteindruck zu erzielen, empfiehlt es sich, den Farbauftrag zu stupfen. Dabei wird in die gleichmäßig verteilte Farbe mit den Borstenspitzen des Pinsels leicht hineingestoßen = gestupft. Die Pinselstriche verschwinden. Die Farbfläche zeigt sich mit feinen Punkten, wie gekörnt. Mit dem Stahlkamm und den anderen bereitgelegten Werkzeugen wird nun freihändig das Motiv in die Fläche gezogen. Gezeichnet könnte man auch sagen. Nicht gelungene Formenzüge können wieder weggestrichen (gestupft) und wiederholt werden. Die fertige Kammzugmalerei erhält nach dem Durchhärten einen schützenden Überzug mit einem Mattlack oder Seidenglanzlack. Neben den aus Leinölfirnis hergestellten Farbmassen können diese auch aus einer Leimemulsion bereitet werden. Der Ölzusatz zum Leim macht die damit gebundene Farbmasse zügiger und länger bearbeitungsfähig. Allerdings wird diese Kammzugfarbe nach abschließendem Lacküberzug je nach Ölzusatz mehr oder weniger stark nachdunkeln. Die Kammzugtechnik erfordert zwar zunächst ein Ausprobieren der verschiedenen Ausführungsmöglichkeiten und -techniken in Verbindung mit Formenübungen, sie belohnt aber mit außergewöhnlich farbigem, dekorativ gestaltetem rustikalem Aussehen.

Mehrfarbiges Beizen

In heutiger Zeit ist die natürliche Schönheit und Struktur des Holzes in den Vordergrund getreten. Trotzdem kann beispielsweise die nicht gestaltete Fläche eines Schrankes dem persönlichen Geschmack des Besitzers zufolge kahl wirken. Der Wunsch nach einem individuellen Schmuck wird wach und könnte durch mehrfarbiges Beizen erfüllt werden.

Zunächst muß das rohe Holz gewässert werden, um eine einwandfreie und saubere Fläche zu erhalten. Zum Wässern wird etwa 75° warmes Wasser mit dem Pinsel oder einem Schwamm gleichmäßig und satt aufgetragen, damit sich die feinen Holzfasern aufrichten und nach dem Trocknen weggeschliffen werden können. Beim Schleifen sind Querkratzer in der Holzoberfläche zu vermeiden, da diese beim Beizen sichtbar werden.

Je nach der geplanten Gestaltungsform, zum Beispiel Linien oder geometrische Grundformen wie Quadrat, Rechteck und andere oder stilisierte Pflanzen, wird die Fläche mit dünnem Klebeband oder durchsichtiger Klebefolie abgedeckt und mit einer Gummiwalze fest angedrückt. Zu vermeiden sind Markierungen mit Bleistift oder anderen Zeichengeräten, da diese die Beize abstoßen können und später sichtbar bleiben. Es ist deshalb besser, vorher eine Zeichnung anzufertigen. Nach dem Übertragen der Zeichnung kann die Fläche für den ersten Beizton ausgeschnitten und abgezogen werden. Der Schnitt darf nicht zu tief gehen, weil sich sonst im Holz ein Graben bildet, in dem sich die Beize sammelt und ein dunkler Rand entsteht. Die Schnittränder werden sorgfältig angedrückt, um ein Unterlaufen der Beize zu vermeiden.

Die Pulverbeize, im Handel mit 24 Farbtönen erhältlich, wird in ¼ Liter heißem Wasser aufgelöst. Die angerührten Beizen sind untereinander mischbar und können durch Wasserzugabe aufgehellt werden. Eine Probebeizung auf einem gleichen Stück Holz ist auf jeden Fall zu empfehlen. Sollte der Farbton zu hell geraten sein, so wird er durch ein erneutes Auftragen dunkler. Die fertige Wasserbeize wird mit dem Pinsel oder einem Schwamm zügig und gleichmäßig aufgetragen. Nach kurzem Einziehen der Beize nimmt man den Überschuß mit einem fast trockenen Schwamm ab. Damit die Beize nicht zu tief in die Poren eindringt und eventuell die Abklebung unterläuft, sollte nicht »geschwemmt« werden. Es ist besser, die Beize »mager« aufzutragen, also sie mit dem nur schwach angefeuchteten Pinsel aufzubringen.

Wenn die Beizung in diesem ersten Feld getrocknet ist, wird diese mit der ölfreien Schnellschleifgrundierung zweimal abgedeckt. Vor dem Auftrag muß geprüft werden, ob die Folienabdeckung der Fläche noch intakt ist, damit nichts unter die Ränder fließen kann. Nun kann das nächste Feld, das einen anderen Beizton erhalten soll, ausgeschnitten, gebeizt und mit der Grundierung geschützt werden.

Zum Schluß, wenn das Motiv mit den verschiedenen Beiztönen fertiggestellt ist, muß die ganze Oberfläche bearbeitet werden. Zunächst ist der ungleichmäßige Auftrag des Grundiermittels zu egalisieren. Das läßt sich durch Schleifen und anschließendem sattem Auftrag des Überzuglackes erreichen. Aber um zu vermeiden, daß beim Schleifen der gebeizte Holzgrund beschädigt wird, kann man, ähnlich wie beim Polieren, die Fläche

glätten. Ein in Nitroverdünnung getränkter Leinenlappen wird über die Fläche geführt. Die Verdünnung löst die Grundierung an und läßt sich mit kreisenden Bewegungen verteilen. Dabei werden die Poren gefüllt und die Ansätze ausgeglichen. Reibt man die Fläche mit feinster Stahlwolle ab und mit einem schwach wachs- oder politurhaltigem Wollappen nach, so erhält man eine wie mattiert wirkende Oberfläche, die mit ihrem mehrfarbig gebeiztem Motiv einzigartig ist.

Reißlackierung

Eine besonders interessante Art von Flächenbelebung auf Füllungen oder Schubladenstirnseiten ist die Reißlackierung. Wie der Name schon andeutet, handelt es sich hier um eine gerissene Lackierung, die entsteht, sofern ein farbloser Lack oder eine Lackfarbe aufgetragen wurde.

Der Anstrichaufbau erfolgt in bewährter Weise: Nach dem Grundieren wird die Spachtelmasse ein- oder mehrmals aufgetragen, bis die Fläche glatt und eben ist, so daß vorlackiert werden kann. Auf den Vorlack kommt dann ein ölhaltiger Lack. Zwischen den einzelnen Arbeitsgängen sind natürlich die Trockenzeiten einzuhalten, desgleichen muß das Schleifen und Abstauben durchgeführt werden.

Wenn der Lack klebfrei getrocknet ist, wird die Lackierung mit erkaltetem Dextrin, das zuvor in heißem Wasser gelöst wurde, gleichmäßig überstrichen. Beim Trocknen der Dextrinlösung entstehen so starke Spannungen, daß sie reißt und gleichzeitig den Lack mitreißt. Die entstandenen Risse werden mit einer deckenden Farbe gefüllt. Nach etwa dreißigstündiger Trockenzeit löst man die Dextrinschicht mit warmem Wasser ab und ledert die ganze Fläche. Die Breite der Risse läßt sich durch die Schichtdicke des Lackfilms verändern. Eine dicke Lackschicht bringt gröbere Risse.

Lackschnitt

Bei dieser Technik wird das Motiv oder ein Muster in die getrocknete Lackierung geschnitten. Der Lack muß dazu dick aufgetragen werden können und gut durchtrocknen, er darf aber keine Runzeln bilden. Mit einem scharfen Messer oder mit Linolschnittwerkzeugen werden die Linien ausgeschnitten und der Untergrund sichtbar. Die Schnitte sollen dabei nur bis auf die Spachtelung gehen. Besonders interessant wirkt hier der Hell-Dunkel-Kontrast, der entweder durch eine dunkle Spachtelung mit heller Lackierung oder durch eine helle Spachtelung und dunkler Lackierung geschaffen wird.

Wenn eine planebene Fläche aber mit gleichem dekorativem Effekt gewünscht wird, so kann man den Vorlack schneiden und abheben. Die fertige und getrocknete Vorlackierung wird geschliffen und abgestaubt und erhält einen zweiten Vorlackauftrag.

In diesen Vorlack wird, sobald er etwas abgetrocknet aber noch weich ist, das Muster geschnitten. Die ausgehobenen Vertiefungen werden mit gefärbten Spachtelmassen oder Buntlack gefüllt. Nach dem Durchtrocknen wird die Fläche eben geschliffen und farblos matt oder seidenglänzend lackiert.

Folienlackierung

Die Vorliebe für helle und glatte Flächen wie sie besonders an Einbauschränken zur Geltung kommen, scheint gebrochen. Immer mehr geht man dazu über, durch Verzierungen die Fläche zu gliedern. Trotz Verzicht auf Farbigkeit wirkt diese Gestaltungsart durch das Spiel von Licht und Schatten sehr reizvoll.

Auf die saubere, staubfreie und gut durchgetrocknete Lackierung wird eine selbstklebende Schablonenfolie aufgebracht. Auch Bleifolien sind im Handel, die mit Glutolin- oder Metylankleister aufgeklebt werden. Auf die festsitzende Folie überträgt man das Motiv und schneidet es aus. Mit der gleichen oder einer anders getönten Lackfarbe oder einer Spachtelmasse werden die ausgeschnittenen Felder gefüllt und eventuell modelliert. Nach dem Abziehen der Folie und dem Reinigen der Fläche kann farblos matt lackiert werden.

Deutlicher und plastischer wirkt die Dekoration mit selbsthergestellten Formen aus Kunstharzplastik. Diese Plastikmasse auf Dispersionsbasis für

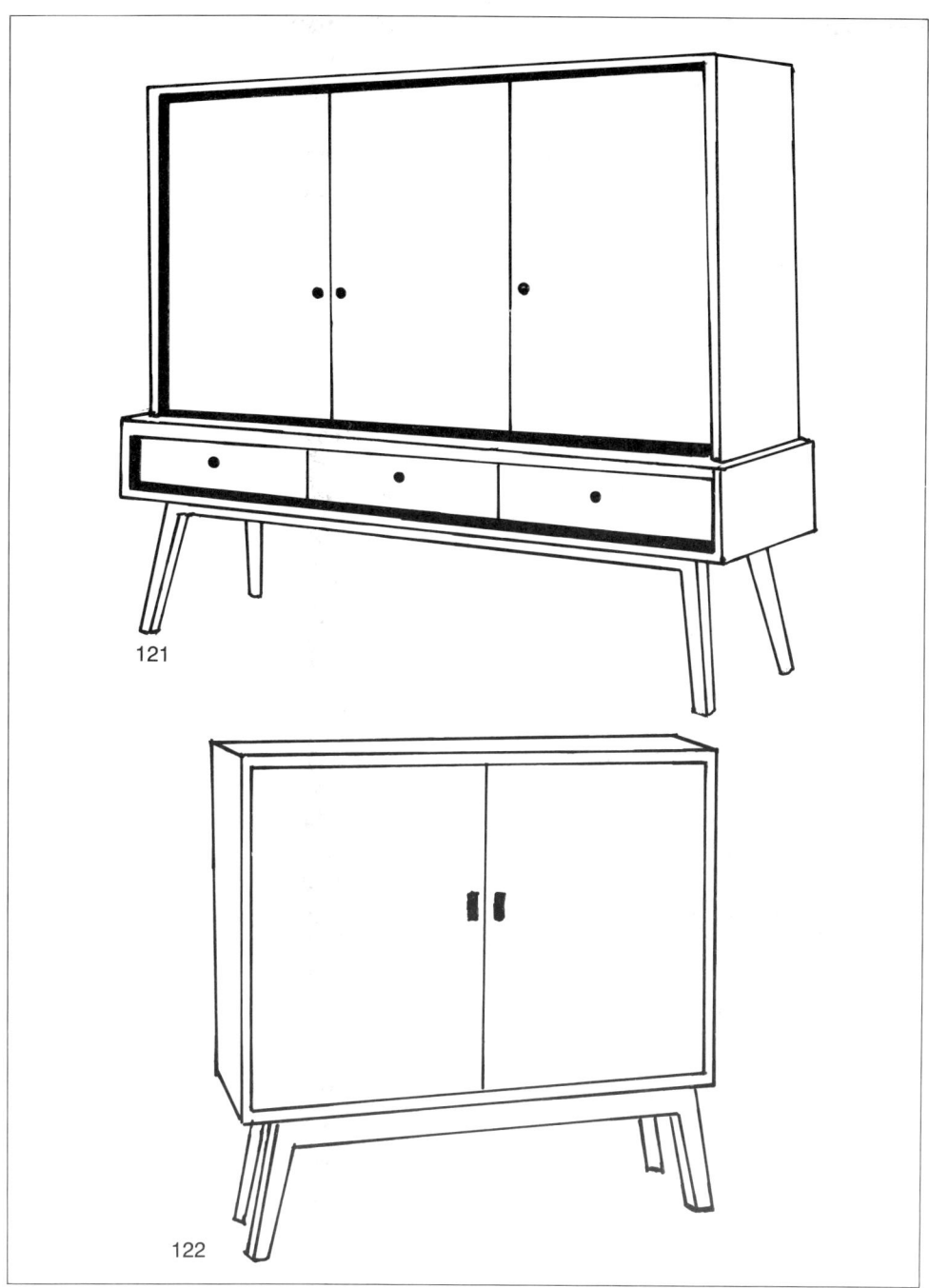

121

122

121 und 122   Die großen glatten Flächen an diesen Schränken entsprechen nicht mehr dem heutigen Zeitgeschmack. Vielfältige schmückende Möglichkeiten können belebend wirken.

113

außen und innen wird in verschiedenen Körnungen angeboten und ist eigentlich zur dekorativen Gestaltung der Wände gedacht. Eine besondere Eigenschaft dieses Kunstharzputzes ist, trotz starker Auftragsdicke, die nach dem Trocknen gebliebene Elastizität und Zähigkeit.

Das Herstellen einer etwa sechs bis acht Millimeter dicken Folie ist relativ einfach. Auf eine glatte Fläche, zum Beispiel einer alten Tischplatte, Tür oder beschichteten Spanplatte, wird der Kunstharzputz aufgegossen. Man kann, um eine gleichmäßige Schichtstärke zu erhalten, die Fläche mit entsprechend dünnen Leisten begrenzen. Diese Leisten dürfen nur leicht geheftet sein, damit sie leicht und schnell wieder abgenommen werden können. Zweckmäßig ist es, vor dem Aufgießen der Masse die Unterlage zu präparieren, um das Ablösen der getrockneten Folienschicht zu erleichtern. Deshalb klebt man zuerst Papier mit stark verdünntem, handelsüblichem Tapetenkleister auf. Nach dem Aufgießen wird die Masse in dem Leistengeviert mit dem Spachtel oder einer breiten Holzleiste verteilt und auf gleiche Schichtstärke gebracht. Etwa acht Tage später ist die Schicht getrocknet. Nun können die Begrenzungsleisten vorsichtig abgenommen werden. Die Oberfläche wird mehrmals in kurzen Abständen glatt gespachtelt und von der Unterlage gelöst.

Auf die Folienoberfläche werden nun die geplanten Formen aufgezeichnet und mit einem scharfen Messer herausgeschnitten. Diese Formen klebt man mit einem Dispersionskleber auf die grundierten und gespachtelten Schranktüren nach eigenen Vorstellungen oder dem Entwurf auf. Nach der notwendigen Trockenzeit erfolgt die erste Vorlackbeschichtung durch Streichen oder Spritzen. Um eine wirklich füllige Schicht zu erhalten, sollte nach sorgfältigem Zwischenschliff eine zweite Vorlackierung erfolgen. Den Abschluß bildet ein Überzug mit Seidenglanzlack.

»Spritzlackierung«

Die Anführungszeichen sollen betonen, daß eine Spritzlackierung vorgestellt wird, die sich ohne Spritzgeräte ausführen läßt. Diese interessante Art, Flächen farblich zu schmücken, gelingt jedem. Die Fläche wird nach den üblichen Vorarbeiten mit einem ölhaltigen Lack lackiert. Einen andersfarbigen, mit Terpentin stark verdünnten Öllack tropft oder spritzt man in die frische Lackierung. Die mehr oder weniger großen Tropfen breiten sich kreisförmig mit gefransten Rändern aus und beleben die Fläche. Nach gründlichem Durchhärten wird die Schicht leicht geschliffen und mit einem transparenten Seidenglanzlack gestrichen.

Bemalen mit Schablonen

Mit der fast vergessenen Schablonenmalerei wurden früher nicht nur Holzwerk, Möbel und Türen mehrfarbig geschmückt, sondern auch Decken und Wände. Man hatte sich mit der Zeit an den immer und überall wiederkehrenden Mustern satt gesehen. Hinzugekommen sein mag wohl noch die Tatsache, daß jeder diese etwas statisch wirkende Zierde anbringen konnte. Gerade deshalb aber, weil auch jeder Ungeübte mit dieser Technik sein Möbelstück verschönern kann, soll sie hier beschrieben werden.

Zur Herstellung einer Schablone wird zunächst ein Entwurf in Originalgröße angefertigt und auf den Schablonenkarton übertragen. Mit einem speziellen Schablonenmesser wird das Motiv ausgeschnitten. Um einen besonders scharfkantigen Schnitt zu erhalten, arbeitet man auf einer Glasscheibe. Beschichtete Spanplatten sind häufig nicht widerstandsfähig genug und werden angeritzt. Die Größe der Schablonen sollte etwa bei 30 Zentimeter liegen, damit ein sauberes Arbeiten gewährleistet ist.

Die gebrauchsfertige Schablone legt man nun auf die Schrankfüllung oder den zu schmückenden Rahmen. Wenn der Rahmen über die Schablone ein umlaufendes Schmuckband erhalten soll, so markiert man mit einem Bleistiftstrich auf dem Karton die Breite des Rahmens und den Anfang des angeschnittenen Musters. Dadurch wird das genaue Aneinanderreihen

123   Profilleisten in diversen Ausführungen.

erleichtert. Mit einem kurzborstigen Schablonierpinsel, der Geübte kann auch einen kleinen Ringpinsel verwenden, wird die Farbe aufgetragen. Dabei soll der Pinsel »trocken« sein, das heißt, so wenig Farbe wie möglich haben. Der Pinsel wird senkrecht auf die Schablone gesetzt und gibt durch kleine kreisende Bewegungen die Farbe ab. Der Pinsel drückt dabei die Kanten des angeschnittenen Motivs auf die Fläche und verhindert, daß die Farbe unter die Schablone kriecht. Sind nun alle Öffnungen der Schablone mit Farbe bedeckt, so wird sie ohne zu verrutschen abgehoben. Vor dem Neuanlegen reinigt man die Rückseite der Schablone mit einem Tuch von möglichen Farbresten, damit die Schnittkanten scharfkantig bleiben. Natürlich kann die Farbe auch aufgesprüht werden, sofern die Schablone gleichmäßig fest und dicht aufliegt.

Füllungen bekleben

Als vor mehr als 200 Jahren die Augsburger Kupferstecher besonders den süddeutschen Raum mit Kupferstichen religiösen und profanen Inhalts reichlich versorgten, kamen findige Individualisten auf die Idee, die Füllungen ihrer Schrankwände damit zu schmücken. Sie wurden mit den damaligen Mitteln aufgeklebt und mit einem schützenden Lacküberzug versehen. Einzelne Exemplare konnten so die Zeitläufe überstehen und sind heute in unseren Museen zu bewun-

dern. Immer wieder, auch in den letzten Jahren, gab es Anregungen, die Möglichkeit zu nutzen, besonders um Tapetenreste aufzuarbeiten.

Verbleibende Tapetenreste können auch auf Schranktüren verarbeitet werden. Einer glatten Schranktür mit gerissener Lackfläche kann schnell und ohne langwierige Anstricharbeiten wieder zu einem neuen Aussehen verholfen werden. Zum Bekleben von glatten, lackierten Türflächen eignen sich besonders PVC-Folien mit Geweberückseite oder Textiltapeten. Nicht nur der Zeit-, sondern auch der Materialaufwand hält sich in Grenzen. Schranktüren, die mit Textiltapeten verschönert werden, erfordern keine mühevollen Vorarbeiten und sind schnell wieder funktionsfähig.

Da Textiltapeten im Gegensatz zu normalen Papiertapeten eine Breite von meist über 80 Zentimeter haben, eignen sie sich besonders, weil auf der gesamten Fläche keine störende Stoßnaht entsteht. Ferner bietet die Textiltapete dank ihrer Musterung weitere interessante Gestaltungsmöglichkeiten.

Nach dem Abwaschen, das heißt nach dem Entfetten der alten lackierten Fläche kann der Kleber mit einem Streichroller unverdünnt und gleichmäßig auf die Fläche aufgetragen werden. In den Kleber wird die zugeschnittene Textiltapete eingebettet. Die Tapetenbahn sollte nach allen Seiten etwa zwei Zentimeter überstehen, weil sie beim Trocknen schrumpfen kann. Diese Seitenkanten können und müssen besonders geschützt werden. Es bieten sich drei Möglichkeiten an:

○ Die Textiltapete kann mit der Kante bündig abgeschnitten werden. Vorher sollten die Kanten oder die Falze im passenden Farbton gestrichen werden.

○ Die Kanten oder Falze können bei entsprechender Zugabe nach dem Trocknen der Fläche mit der Tapete umklebt werden. Als Kleber kann hier beispielsweise Pattex compact verwendet werden.

124 Für die Freunde der traditionsreichen bäuerlichen Möbelmalerei bietet ein Hersteller aus dem Allgäu seit vielen Jahren entsprechende Produkte an. Im Siebdruck, einer ausgesprochen reinen Handarbeit, werden auf einem Papierträger alte heimische und bayerische Füllungsmalereien hergestellt.

125   *Starnberg und Umgebung.*

126 *Wolfrathshausen.*

○ Kunststoff-Winkeleisen in Weiß, Braun und Schwarz können die Kanten der glatten Türen ebenfalls schützen. Auch hölzerne Winkeleisen sind hierfür verwendbar.

Mit den Resten von Textiltapeten lassen sich nach entsprechendem Zuschnitt auch ornamentale Gestaltungsideen verwirklichen. Es kann so zum Beispiel ein glattes Türblatt eine Füllungsimitation erhalten. Dabei sollte an allen Seiten eine gestrichene und lackierte Randfläche frei bleiben. Die Ecken können jeweils nach außen oder innen abgerundet oder durch Zierleisten abgedeckt werden.

Eine weitere Möglichkeit zur Modernisierung bieten die »Bügelfolien«. Es handelt sich hierbei um Flächenfolien, die auf der Rückseite mit einem Schmelzkleber versehen sind. Angeboten werden sie neben Weiß in verschiedenen Farbtönen und geprägten Holzstrukturen. Diese Folie läßt sich auf allen glatten Materialien ohne besondere Vorbehandlung verarbeiten. Doch sollte auf eine fettfreie Oberfläche geachtet werden. Dieses Flächendekor gibt es in drei verschiedenen Breiten von 40 über 60 bis zu 90 Zentimetern mit unterschiedlichen Längen. Regalböden können ebenso wie die Möbelseitenteile und -türen damit beschichtet werden.

Vor der Verarbeitung wird die Folie ausgelegt, ausgerichtet und grob zugeschnitten. Mit einem normalen Haushaltsbügeleisen bei der Einstellung zwischen 140 und 150 Grad Celsius – Wolle/Seide – bügelt man die Folie mit leichtem bis mittlerem Druck

auf. Die Andruckdauer liegt gewöhnlich zwischen fünf und sieben Sekunden. Mit dem Bügeleisen gleitet man von innen nach außen. Um eine Blasenbildung zu vermeiden, muß sehr sorgfältig vorgegangen werden. Der Schmelzkleber wird durch die Wärme des Bügeleisens aktiviert, wodurch sich die Folie mit dem Werkstück fest und gleichmäßig verbindet. Die überlappende Folie wird von der Fläche aus zur Kante hin umgelegt und aufgebügelt. Noch verbleibende Überstände werden mit einem scharfen Messer abgeschnitten.

Profile farbig absetzen

Das farbige Absetzen der Profile und Leisten an alten Schränken mit Füllungen gilt eigentlich zu unrecht als die leichteste farbgestalterische Arbeit. Zwar ist die werktechnische Durchführung für den Heimwerker leicht, der den Umgang mit dem Pinsel beherrscht; doch mit der Farbtonwahl wurde schon manche handwerklich gute Lackierung abgewertet. Der erfahrene Profi weiß, daß durch das farbige Absetzen der Profile der Schrank seine besonderen Akzente erhält und zu einem Schmuckstück wird. Er wählt deshalb entweder einen, oder auch mehrere, hellere und/oder dunklere Farbtöne der deckend lackierten Fläche oder eine kräftig kontrastierende Buntlackfarbe.

Zur technischen Ausführung ist zu bemerken, daß man einen Plattpinsel wählt, der etwas schmäler als das anzustreichende Profil ist. Derjenige, der das Beschneiden, also das scharfkantige Farbauftragen beim Fensteranstrich, geübt hat, ist hier im Vorteil. Der Anfänger nimmt dagegen einen etwas mehr als handlangen Streifen dünnen, aber festen Karton und setzt ihn so an, daß die Fläche abgedeckt wird. Eventuell mögliche Pinselausrutscher können durch diesen Schutz keinen Schaden anrichten.

Auf naturbehandeltem Holzuntergrund kann man vor der Schlußlackierung die Profile mit Plakatfarben oder mit den Buntfarben auf Dispersionsbasis absetzen. Durch starkes Verdünnen der reinen Buntfarben läßt sich zusätzlich ein besonders interessanter Effekt erreichen, wenn die bemalte Holzmaserung durchscheint. Hier sollten solche reinen, unvermischten Farbtöne verwendet werden, die man vom bemalten Holzfachwerk alter Häuser her kennt. Zu bedenken ist lediglich, daß diese Farben nach der abschließenden Mattierung oder Lackierung etwas nachdunkeln.

Zierleisten

Betrachtet man das Angebot an Zierleisten und entdeckt neben den geraden Leisten die konvexen Bögen, die halbkonvexen Bögen, Flachbögen und Endbögen, dann werden die Ideen zur Gestaltung der glatten Flächen an den Einbauschränken nur so sprudeln. Mit diesen Leisten ist es möglich, bei verhältnismäßig geringem Aufwand seine Einrichtung stilvoll zu verändern.

Es sind Bausätze erhältlich, die verschiedenen Stilepochen nachempfunden sind, und die auf den fertig vorbereiteten Untergrund aufgeklebt werden können. Außerdem findet man die erwähnten Einzelelemente, die individuell nach eigenen Vorstellungen und Verhältnissen entsprechend sich anpassen, zuschneiden und nageln oder kleben lassen. Weitere Variationsmöglichkeiten ergeben sich durch die geschwungenen Leisten mit umgekehrtem Profil. Die Leisten sind mit fertig behandelter Oberfläche oder roh, also unbehandelt, im Angebot.

Kordel dekorativ kleben

Eine individuelle Gestaltung, die sich überall, auch wo das Repräsentative vorrangig ist, leicht, schnell und gut ausführen läßt. Die Kordel hat gewöhnlich einen Durchmesser von drei Millimetern und liegt dadurch plastisch auf. Als Kontrast sollte der fertig behandelte Untergrund glatt sein.

Die Arbeitsweise selbst ist sehr einfach. Nachdem die Gestaltungsidee in einem originalgroßen Entwurf festgehalten und auf die Arbeitsfläche übertragen wurde, wird mit der eigentlichen Kordelarbeit begonnen. Die Kordel wird dem Entwurf entsprechend gelegt und mit einem Kleber versehen und angedrückt. Dabei wird man überrascht feststellen, mit wie wenig Aufwand sich diese Arbeit ausführen läßt.

127   Stiche von deutschen Postillonen, vor Jahrzehnten von der Bundespost herausgegeben, sind geeignete Motive für die Schrankfüllungen. Oben: Preußische Postillone 1827.

128   Braunschweig-Lüneburgische Postillone 1820.

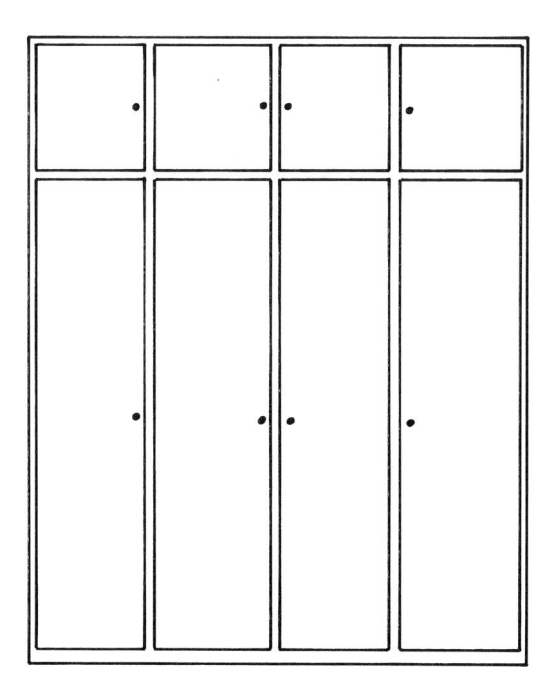

129   Die glatte Front einer eingebau-
ten Schrankwand ...

130   ... läßt sich mit Zierleisten oder
aufgemalten Friesen beleben.

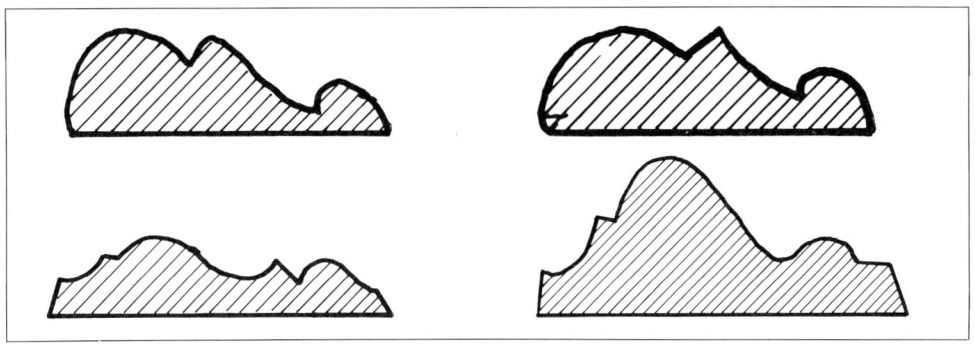

131   Querschnitte der JS-Stil-Zierleisten.

132   Diese naturbelassene Kommode paßt zu jeder Stilrichtung.

125

Möbel farbig gestalten

Ein Naturholzschrank wird durch farbige Lackierung verändert

Einer jener preiswerten Naturholz-schränke, die im Möbel-Mitnahme-markt zu finden sind, soll mit Farbe der neuen Wohnungseinrichtung angeglichen und neu gestaltet werden, so daß der Schrank weiterhin gute Dienste leistet. Was für den Schrank gilt, das kann auch an einer Kommode oder anderen Möbelstücken aus Holz vollzogen werden. Daß sich der Arbeitsaufwand lohnt, verdeutlichen unsere in Bildern dargestellten drei Beispiele. Der gleiche Schrank wurde einmal mit einer Bauernmalerei, so-

133 Dieser Naturholzschrank soll durch einen deckenden Anstrich der Wohnungseinrichtung einen farbkräftigen Akzent geben. Die Vorarbeiten beginnen mit dem Entfetten der Oberfläche durch Abwaschen mit Wasser, dem ein salzartiger Anlauger beigemischt wurde.

dann in zwei Farbvarianten gestaltet. Dabei orientierte sich die Bemalung nach der Rahmenkonstruktion.

Wie bei allen Anstricharbeiten müssen die Flächen trocken, sauber und fettfrei sein. Erreicht wird letzteres durch das Abwaschen des Schrankes mit Wasser, dem ein salzartiges Anlaugmittel zugesetzt wurde. Nach dem Trocknen folgt ein leichtes Anschleifen der Flächen mit Schleifmittel. Hochglanz-, Dispersions- oder Seidenmattlacke, die es in zahlreichen Farbtönen gibt, werden nach den notwendigen Vorarbeiten aufgetragen. Hochglanz-, Dispersions- und Seidenmattlacke sind – jede Farbreihe für sich – untereinander mischbar.

134 Weil der vorhandene alte Oberflächenschutz als fester Untergrund geeignet ist, erhalten die einzelnen Schrankteile nach dem Auftragen der Spachtelmasse einen Voranstrich mit Vorlack.

Verschiedene Gestaltungen

Bei der Gestaltung »Bauernmalerei« erhält der Korpus einen zweimaligen Grundanstrich mit lindgrünem Seidenmattlack. Der Farbton wird entweder selbst aus weißem und laubgrünem Lack oder beim Händler nach Vorgabe gemischt. Sind die Grundanstriche getrocknet, zeichnet man auf die Türblätter mit weichem Blei das gewünschte Motiv und malt es aus. Wem diese Arbeit zu schwierig ist, der kann die Flächen auch mit im Handel erhältlichen Bauernmotiven bekleben. Den Abschluß der Arbeiten bildet das

135   Der Schrank wurde zweimal mit weißem Seidenmattlack lackiert. Die Schubladenfronten, die Griffe, die Simse und die gefrästen Vertiefungen der Türfüllungen erhielten einen blau-grauen Anstrich.

Lackieren der Griffknöpfe an Türen und Schubläden in Dunkelgrün.
In den Farben Blau und Weiß ist die zweite Gestaltungsvariante gehalten.

Der Korpus wird zweimal mit weißem Seidenmattlack lackiert, während die Fronten der Schubläden, die Knaufe, die Simse sowie die Einfassung der Türfüllungen einen blau-grauen Anstrich erhalten. Eine dezente unaufdringliche Gestaltung, die sich in einer Küche oder in einem Jungmädchenzimmer eignet.
Dreifarbig, Weiß, Blau-grau und Rubinrot wurde die dritte Schrankgestal-

136 *Mit einer mutigen, dreifarbigen Gestaltung soll der Schrank schmückendes und dominierendes Element des Raumes sein. Hier sind die Seitenflächen, die Griffe, der Unterbau und die Einfassung der Füllungen blau-grau, die Türfüllungen, der obere und untere Sims weiß, die übrigen Flächen rubinrot lackiert.*

tung ausgeführt. Die Füllungen in den Türen, der obere und untere Sims sind weiß lackiert, die Seitenflächen, die Knaufe, das Podest und die Füllungseinfassungen blau-grau abge-setzt. Alle übrigen Flächen wurden rubinrot angestrichen. Eine Farbgestaltung, die zu zahlreichen Einrichtungen paßt und dem Raum ein belebendes Element gibt.

137 Auf die weiß lackierte Fläche werden ornamental stilisierte Blumenmotive nach einem maßgerechten Entwurf übertragen und ausgemalt.

138   Der fertig gemalte Schrank ist das Schmuckstück im Hauseingang.

Dekoratives Gestalten

In der heutigen Zeit, in der technische Perfektion hochbewertet wird, da gilt das freie, schöpferische Gestalten nur wenig. Die ganz aus der eigenen Persönlichkeit des Malers oder des Heimwerkers strömende Individualität wird gering geachtet und geht unter. Aber gerade durch diesen persönlichen Ausdruck wurden Künstler und Handwerker mit ihren Produkten in der Vergangenheit unverwechselbar. Es war ein »Handwerk« im ursprünglichen Sinne.

Jeder, der sein Möbelstück bemalen möchte, wird sich an seine Schulzeit erinnern und glaubt von daher zu wissen, daß er nicht zeichnen oder malen kann. Begriffe wie gestalterische oder bildnerische Gesetze, Stilkunde oder, viel schlimmer, Geschmack geistern durch die Erinnerung. Folglich wird der Wunsch, seinen Schrank oder die Truhe zu bemalen, von vornherein unterdrückt. Das sollte man aber nicht tun, sondern einfach frei und ohne Zwang einen Versuch wagen.

Die allereinfachsten gestalterischen Gesetze entdeckt man ganz schnell und spielerisch, wenn man mit einem spitzen Malpinsel auf einem Blatt Papier zu malen beginnt. Bei diesem freien Pinselzeichnen zeigt sich schnell, daß das Werkzeug, der Pinsel, nur ganz bestimmte Formen her-

gibt, die zeitlos schön sind. Sie ähneln alten Vorbildern bäuerlicher Art. Drückt man zum Beispiel einen mit Farbe gefüllten Spitzpinsel kräftig auf das Papier, so zeigt sich eine spitz ovale, blattähnliche Form. Im Kreis nebeneinander gesetzt entsteht daraus unversehens eine stilisierte Blüte. Diese spielerisch gemachte Entdeckung verleitet bestimmt zu weiteren Versuchen oder Ergänzungen. Sehr schnell kann dann aus der Blüte eine Blume mit Blattwerk werden, verbunden durch einen frei gezogenen spiralförmigen Strich. Das Grundmotiv oder die Form für die Bemalung des Möbelstückes ist gefunden – ein Ornament von gelöster und bewegter Rhythmik nach einem Naturvorbild.

Nach dieser ersten Entdeckung kann man versuchen, ein eigenes, ganz persönliches Ornament zu entwickeln. Aus der Linie, dem Strich und den geometrischen Grundformen wie Quadrat, Rechteck, Dreieck und Kreis (Punkt) lassen sich, durch bloßes Aneinanderreihen, also einer ständigen Wiederholung, gestalterische Einheiten bilden, die in der Einfachheit der Einzelform faszinierend wirken.

Frei von allen belastenden Erklärungen und Zuordnungen beginnt man, beispielsweise mit einem runden Filzstift, waagerecht und parallel mit gleichem Abstand zueinander etwa fünf gleichlange Striche zu ziehen. Das gleiche folgt nun gleichlang senkrecht, wobei immer ein in Striche aufgelöstes Quadrat entsteht. Durch Wiederholung bildet sich ein Band, eine Reihung, die zum Beispiel einen Rahmen schmücken kann. Dreiecke, einmal auf der Spitze stehend, dann wieder auf dem breiten Schenkel ruhend, wir-

ken nebeneinander gesetzt als ein ornamentales Schmuckband. Ebenso wie große und kleine Quadrate ein besonders interessantes Bild ergeben. Beginnt man einmal so zu »spielen«, entdeckt man immer neue Möglichkeiten, neue Muster, die man als Ideenspeicher aufbewahren sollte, um sie bei Bedarf als ersten Schritt einsetzen zu können.

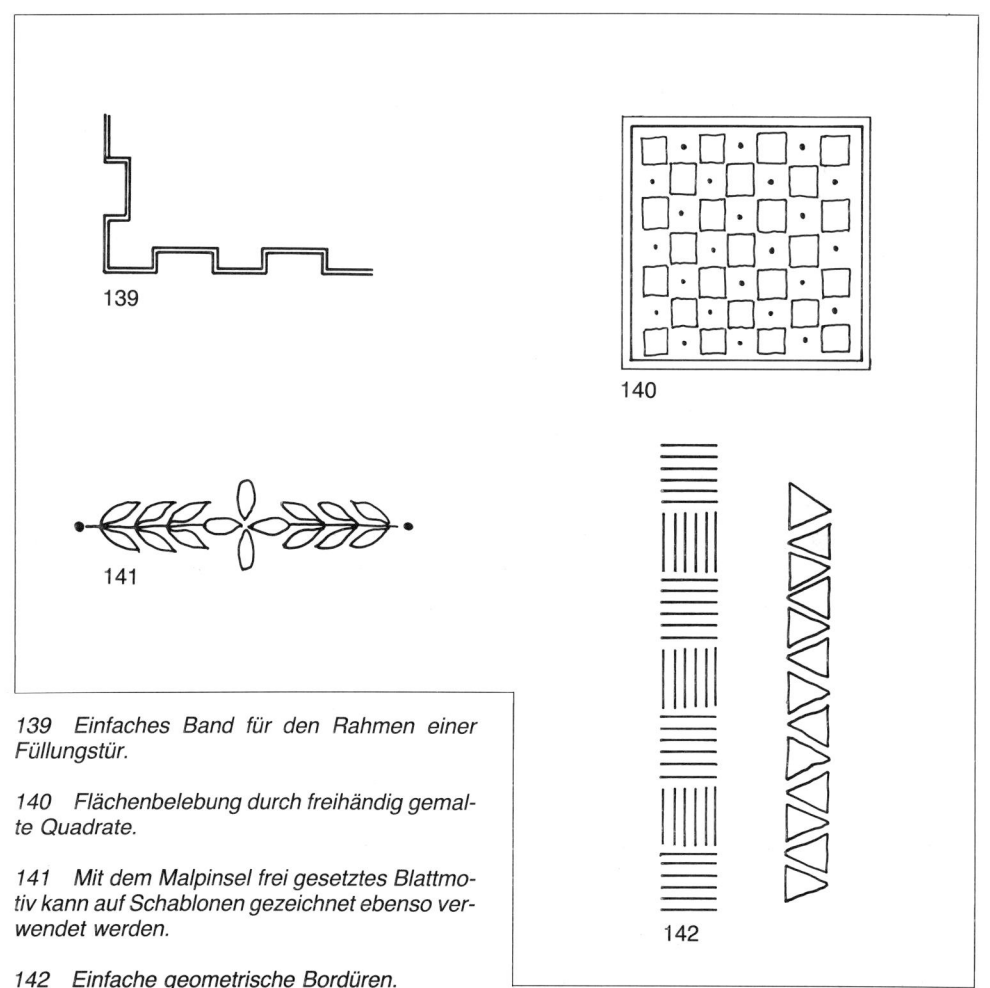

139 Einfaches Band für den Rahmen einer Füllungstür.

140 Flächenbelebung durch freihändig gemalte Quadrate.

141 Mit dem Malpinsel frei gesetztes Blattmotiv kann auf Schablonen gezeichnet ebenso verwendet werden.

142 Einfache geometrische Bordüren.

Umgang mit der Farbe

Es ist ein kompliziertes Thema: Angefangen mit Goethe haben sich Dichter, Naturwissenschaftler, Psychologen und auch Werbestrategen mit den Farben und ihrer Wirkung befaßt. Warum es einem Künstler gelingt, ohne große Überlegung wirkungsvolle Farbkompositionen auf ein Blatt Papier oder auf die Leinwand zu zaubern und worin die Wirkung dieses meisterlichen Umgangs mit der Farbe besteht, ist dennoch nicht vollständig geklärt.

Doch ohne es dabei zu bunt zu treiben, lassen sich einige Feststellungen treffen, die in der Praxis weiterhelfen. Man wird dabei Bekanntes wiederfinden, auch vieles, was jeder selbst schon gespürt, aber nicht ausgesprochen hat. Und am Ende steht die Erkenntnis, daß es auch hier niemand nötig hat, in Ehrfurcht vor anderen zu verharren und sich selbst nichts zuzutrauen.

Der Farbkreis

Auch ohne Physik-Kenntnisse sieht man, daß es einen systematischen Aufbau der Farben im Farbkreis gibt. Das abgebildete Beispiel zeigt, daß alle Farben auf die drei Grundfarben Rot, Blau und Gelb zurückzuführen sind. Mischt man zwei dieser Grund- oder Primärfarben, so entsteht eine neue Farbe, die von beiden verschieden ist. So wird aus Blau und Gelb die Misch- oder Sekundärfarbe Grün. In der Darstellung des Farbkreises sind die Anteile der Primärfarben beim Mischen gleich groß.

Ändern sich die Mengenverhältnisse, so ändert sich auch die Farbe in die Nähe zu einer der Primärfarben. Mischt man die Farben nach der hier dargestellten Systematik weiter, so läßt sich zeigen, daß durch den Mengenanteil der Farben beim Mischen eine vorherbestimmbare neue Farbe entsteht. So wird aus Rot und Gelb Orange, aus Rot und Orange eine Mischfarbe, die zwischen beiden steht, eine Tertiärfarbe. Das Wort ist jedoch nicht unbedingt wichtig.

Schließlich können den Farben auch Nichtfarben beigemischt werden. Das sind Weiß und Schwarz. Weiß hellt auf und verringert die Intensität, Schwarz macht die Farben stumpf.

Farbharmonie

Es richtet sich nicht nach naturwissenschaftlichen Gesetzen, wann eine Zusammenstellung von Farben als harmonisch empfunden wird. Man kann aber aus den vielen Beispielen eine ganze Reihe nützlicher Regeln ableiten.

Beispiele:

Nimmt man eine schon gemischte Farbe als Grundton, kann kaum etwas schiefgehen, wenn dieser Grundton durch Aufhellung mit Weiß variiert wird. Der hellere Farbton eignet sich für größere Flächen, mit denen der Verlust an Intensität wieder wettgemacht wird. Grundton und aufgehellte Farbe werden zusammen als harmonisch empfunden. Ein Konzept für die farbliche Gestaltung kann nach diesen Feststellungen entwickelt werden, mit einem geringen Flächenanteil der Komplementärfarbe um einige Teile des Möbels zu schmücken.

Das Farbkonzept

Wie so oft erleichtert methodisches Vorgehen die Entwicklung eines eigenen Konzeptes für die farbliche Gestaltung des Möbelstückes. Ihre Farben, die Größe und die Form sind Faktoren, die beim Farbkonzept berücksichtigt werden müssen.

Bei der Farbgebung der Möbel ist zu beachten, welches optische Gewicht sie im Raum haben sollen. Auch die farbliche Wirkung einer vorhandenen oder geplanten Holzverkleidung an der Decke oder den Wänden ist zu berücksichtigen. Die Frage lautet: Was paßt wozu?

Einige Grundregeln der Raumgestaltung werden helfen, Lösungen zu finden. Sicher sind solche Regeln bekannt, etwa, daß dunkle Farben den Raum schrumpfen lassen und eine gedämpfte bis düstere Wirkung haben, während lichte Farben einen Raum optisch weiter erscheinen lassen. Die Farbgebung kann die Wirkung eines Raumes betonen oder verändern.

Vom Farbkreis, vom Grundton und seinen Varianten, von der warmen Farbe war die Rede, doch nicht von der Auswahl. Genau das ist der interessanteste Teil zum Farbkonzept.

Es geht um die konkreten Möglichkeiten, die Farben eigener Wahl aufeinander abzustimmen.

Von einfarbig bis komplementär

Die einfachste Möglichkeit bei der farbigen Gestaltung ist die Zusammenstellung von Weiß, Grau oder Schwarz, also den Nichtfarben, mit einer Farbe. Träger der Farbe können die Möbel und die übrige Einrichtung sein oder die Wandflächen. Auf jeden Fall werden die Farbe und damit der Farbträger hervortreten und die Wirkung des Raumes bestimmen.

Ist die Fläche, die Vorhänge, Wände und Decke bilden, weiß bis grau, während der farbliche Akzent auf Möbeln oder Bildern liegt, so wirkt der Raum weit, übersichtlich und heiter. Anders ist es, wenn die Flächen die Farbe tragen, Möbel und Einrichtungsgegen-

143　Farbkreis nach Itten.

144 Durch das Beimischen von Weiß wurde Grün aufgehellt. Hier zeigt sich, daß die Farbe Grün sowohl kalt als auch warm wirken kann.

stände jedoch weiß oder hell erscheinen. Der gleiche Raum vermittelt einen engen, geschlossenen und strengen Eindruck.
Zwei Beispiele, die sicher jedem bekannt sind, stehen für diese gegensätzlichen Lösungen in der Farbgestaltung: Im neuzeitlich eingerichteten Büroraum sind Decken und Wände mit weißen, kunststoffbeschichteten Platten verkleidet, der Fußboden hat einen dunklen Belag, dessen Farbe der Vorhang übernimmt. Die Einrichtung hat funktionsgerechte Möbel in einem dunklen Farbton. Nur ein paar kleine Bilder an den Wänden, ein Blumenstrauß vielleicht, setzen die Akzente. Anders das Konferenzzimmer:

Decken und Wände sind mit dunklem Holz verkleidet. Für Vorhang, Möbel und Fußboden wurden helle Farben gewählt. Entsprechend abgestimmt ist der Wandschmuck.

Schon erwähnt wurde die Verwendung von Grundton und seinen Variationen, die durch Mischen mit Weiß entstehen – sogenannte Tonstufen. Zusammenstellung von zwei, eventuell drei Tonstufen erzeugen einen ausgewogenen, harmonischen Gesamteindruck. Ein schwacher Hell-Dunkel-Kontrast läßt den Raum sanft, unaufdringlich und elegant wirken. Kräftige Kontraste mit Weiß oder Schwarz erscheinen temperamentvoll.

Schwieriger wird es, wenn die im Farbkreis benachbarte Farbe eingesetzt werden soll, um die Gestaltungsmöglichkeiten zu erweitern. Die im Farbkreis nebeneinander liegenden Farben konkurrieren in ihrer Ausdruckskraft und erzeugen so Spannung. Mit Weiß kann diese Wirkung abgeschwächt werden. Doch sollte man nicht vergessen, daß es sich um eine Komposition von Farben handelt.

Stärker noch ist die Konkurrenz der Farben, die sich im Farbkreis gegenüberliegen. Verwendet man sie beide

145 Durch das Mischen von Weiß und Schwarz entsteht eine Skala von verschiedenen Grautönen.

an einem Möbelstück, so darf nur eine Farbe dominieren. Weiße oder graue Flächen können für einen Ausgleich sorgen. Es gilt, daß auch hier durch Mischung mit Weiß oder Schwarz eine dämpfende Wirkung erreicht wird.

Wer Mut hat und sich einiges Feingefühl im Umgang mit den Farben zutraut, findet hier ein weites Betätigungsfeld, vor allem dann, wenn es – wie bei jungen Menschen – noch nicht nötig ist, langfristig zu planen.

Stichwortregister

Bildnachweis

Titelbild: IDK »Info-Dienst« Kujawski, 5630 Remscheid 1
AEG-Elektrowerkzeuge GmbH, 7057 Winnenden, Abb. 57
Robert Bosch GmbH, 7022 Leinfelden-Echterdingen 1, Abb. 54
Deutsche Amphibolin-Werke, 6105 Ober-Ramstadt, Abb. 1, 55, 79, 80
Glasurit GmbH, 4400 Münster-Hiltrup, Abb. 95a bis e
Häfele KG, 7270 Nagold, Abb. 33 bis 37
Henkel KGaA, 4000 Düsseldorf, Abb. 56a bis f
IDK »Info-Dienst« Kujawski, 5630 Remscheid 1, Abb. 58 bis 64, 67 bis 78, 81 bis 89, 132 bis 138
Eugen Lutz GmbH & Co., 7130 Mühlacker, Abb. 53
Ostermann & Scheiwe, 4400 Münster, Abb. 105 bis 107
Kurt Vogelsang GmbH, 6954 Haßmersheim, Abb. 65, 66
Franz Weiß und Horst Jochum, 8960 Kempten, Abb. 125

Alle anderen Bilder und Zeichnungen stammen vom Verfasser.